Erfolg hat drei Buchstaben: *T U N*
(Voltaire)

Also, worauf warten Sie noch?

Regina Lahner

Heilsame Meditationen mit Klangschalen
leicht gemacht

Präventive Texte die den
Geist beruhigen und die
Selbstheilungskräfte aktivieren

Umschlaggestaltung: Friedrich G. M. Roedig

Foto von Regina Lahner: Marisa Giannino, Foto Frenzel, Ulm

Bildquellen: Eigene, stock.xchng® vi www.sxc.hu, freepik.com chandlervid85

Lektorin: Senta Konopke

Bibliografische Information der Deutschen Nationalbibliothek
Deutsche Erstausgabe

ISBN: 978-3-7597-5151-5

1. Auflage 2024   © 2024 Regina Lahner

Verlag: BoD • Books on Demand GmbH, In de Tarpen 42, 22848 Norderstedt
Druck: Libri Plureos GmbH, Friedensallee 273, 22763 Hamburg

Aus Gründen der besseren Lesbarkeit wird in diesem Buch auf die gleichzeitige Verwendung der Sprachformen männlich, weiblich und divers (m/w/d) verzichtet. Sämtliche Personenbezeichnungen gelten jedoch gleichermaßen für alle Geschlechter.

Über die Autorin: Regina Lahner wurde 1965 in Mönchengladbach geboren. Sie lebt seit ihrem zweiten Lebensjahr im Allgäu und beschäftigte sich schon sehr früh mit Naturheilkunde und gesundheitlichen Themen. Im Jahr 2000 absolvierte sie eine einjährige Ausbildung zur Bachblüten-Beraterin und arbeitete im Anschluss daran selbständig in den Bereichen Beratung, Ausbildung, Seminar- und Kursleitung. Seit 2005 bietet sie ein zehnmonatiges Fernstudium zum Bachblütenberater an. Im selben Jahr absolvierte sie ihre Ausbildung „Tibetische-Klangschalen-Massage" an der Sebastian-Kneipp-Schule in Bad Wörishofen. Als Referentin und Kursleiterin in den Bereichen Bachblüten (Vorträge, Workshops) und Klangschalen (Kurse, Workshops, Meditation) war Frau Lahner lange Jahre bei zahlreichen südbayrischen Volkshochschulen tätig.
Bereits seit 2008 bildete Frau Lahner interessierte Personen in ihren Intensivseminaren in der praktischen Anwendung von Klangschalen aus. Seit der Corona-Pandemie ist nun auch diese Ausbildung als innovative und praxisorientierte Fernausbildung: „Massage, Meditation und Entspannung mit Klangschalen" erhältlich.

Ausführliche Informationen dazu erhalten Sie im Internet auf der Seite
www.bluetenberatung.de

Inhaltsverzeichnis

Vorwort und Einführung

Bereits seit meiner Kindheit wurde mein Leben von viel Sport und Bewegung geprägt. So ging ich über ein Jahrzehnt zum Leistungsschwimmen und ratterte dabei in jeder freien Minute, Woche für Woche, mindestens 10-15 km im Wasser runter... Dass mir dabei, zusätzlich zu den breiten Schultern, nicht auch noch Schwimmhäute gewachsen sind, grenzt für mich noch immer an ein kleines Wunder.

Daran anschließend trat dann der Rock'n'Roll in mein Leben und ich trainierte schon bald regelmäßig, meist zwei Mal pro Woche, im Tanzsportverein. Als damals noch sehr leistungsorientierter Mensch wollten mein Tanzpartner und ich natürlich auch viel Akrobatik, die mit Würfen und Sprüngen verbunden war, in unser Tanz-Solo einbauen.
Um für die Auftritte schlank und fit zu sein, ging ich die restlichen Tage der Woche dann auch noch zum Joggen...

Als ich meine „Tanz- und Joggingkarriere" schließlich auf Grund meines Kinderwunsches beendete, litt ich schon regelmäßig an diversen körperlichen Schmerzen, saß schon unzählige Male in den Wartezimmern der Orthopäden und lag außerdem schon zwei Mal im MRT, und das mit nicht mal 25 Jahren!

Gut 2 Jahre später hatte ich bereits meine zwei kleinen Wunschkinder. Als die beiden dann mit dem Gröbsten durch waren, besuchte ich aus Neugierde einen Aikido-

Selbstverteidigungs-Schnupperkurs. Frei nach dem Motto: „ein wenig Bewegung kann ja nicht schaden"…

Nun ja, Sie müssen wissen, Aikido ist eine moderne, japanische Kampfkunst, die den Schwerpunkt auf die sanfte Umlenkung der Energie des Angreifers setzt, um ihn dann durch geschicktes Ausweichen und fließende Bewegungen letztendlich zu Fall zu bringen. Die Techniken beinhalten zahlreiche Wurf- und Haltetechniken, aber auch das Abwehren von Stock- und Schwertangriffen. Der Gegner kann dabei, wie im richtigen Leben, natürlich auch sehr viel größer und schwerer sein als man selbst.
Sie können es sich sicher schon denken, auf den ersten gelben Gurt folgte der Orange, und darauf noch der Grüne…
Ein unverschuldeter Auto-Auffahr-Unfall, samt seinen gesundheitlichen Spätfolgen, zwang mich schließlich dazu, auch dieses sportliche Kapitel für immer zu schließen.

So war ich auf Grund meiner inzwischen zahlreichen Beschwerden, die sich sicherlich hauptsächlich durch die permanente Be- und Überlastung meines Körpers entwickelten, schon sehr früh auf der Suche nach alternativen Techniken und Methoden, die ich ergänzend zur Schulmedizin, zur Bewältigung meiner körperlichen und emotional belastenden Themen anwendete. Ich probierte hier vieles aus und kam so, vor inzwischen über 30 Jahren, schließlich zu den *Bachblüten* und vor ca. 25 Jahren auch zu den *Klangschalen.*

Zwei Aufenthalte in verschiedenen orthopädischen Rehakliniken und 7 Wochen Behandlung in einer Schmerzklinik später bin ich heute zufrieden, wenn ich meine tägliche, kleine Walking-Runde weitgehendst beschwerdefrei hinter mich bringe und auch einen Tag mit stärkeren Schmerzen relativ gut überstehe.

Dabei helfen mir oft heilsame Meditationstexte (oder bei wenig Zeit auch nur kurze Affirmationen) die ich mir noch mit einer, direkt auf meinen Körper aufgelegten, schwingenden Klangschale ergänze. Dazu stelle ich mir die Schale ca. 5 - 20 Minuten lang intuitiv auf die schmerzende Körperstelle auf und schlage sie immer wieder sanft mit einem passenden Filzklöppel an. Hierzu verwende ich in der Regel eine *Gelenkschale*, die auch als *Universalschale* bezeichnet wird, und die um die 1000g Gewicht hat. Eine solche Schale in Therapie-Qualität ist im Fachhandel zum Preis ab ca. 100 € erhältlich.

Der Ton der dafür ausgewählten Klangschale muss einem auf jeden Fall angenehm sein und die Schale sollte nach dem Anschlagen auch unbedingt noch lange nachschwingen. Dies ist oft nur bei Schalen der Fall, die in mühseliger und aufwändiger Handarbeit durch Klopfen und Treiben angefertigt wurden, und nicht nur maschinell hergestellt, also gegossen oder gepresst sind.

Man kann sich diese Klangschale dann eigentlich selbst überall auf den Körper aufstellen wo man dies möchte, oder aber, wo man seine körperlichen Defizite hat.

Manche Menschen haben leider irgendwann das Gefühl zu Ihrem Körper „verloren" und müssen erst wieder neu lernen, intensiver in sich „hinein zu hören und zu spüren". In diesem Fall sollen Sie einfach mal ein wenig hin und her probieren.

Falls Sie an Herzproblemen leiden wäre es gut, wenn Sie vorher noch Ihren Arzt um seine Erlaubnis bitten. Einer Schwangeren empfehle ich ebenfalls, keine Klangschalen direkt auf den Körper aufzustellen, da die Schwingungen unter ungünstigen Umständen die Wehentätigkeit anregen könnten. Das Hören der Töne *neben* dem Körper sollte in beiden Fällen jedoch kein Problem darstellen.

Übrigens gelingt einem Anfänger die gewünschte Entspannung am besten entweder in einer natürlich lockeren Sitzhaltung, oder auch in einer bequemen Liegeposition.

Besonders an Stellen, die man selbst nicht gut erreichen kann, (z.B. Schulter oder Rücken) kann man sich die Schale auch sehr gut auf die gegenüberliegende Seite (= z.B. auf den Vorderkörper) auflegen und dort sanft zum Anklingen bringen. Da die Schwingungen der Klangschalen bis tief ins Gewebe eindringen, lockern und entspannen sie dann ebenfalls auch die Muskeln und Faszien der gegenüberliegenden Körperseite.

Die folgenden Texte sind in Reihenfolge und Intensität ansteigend, entsprechend des emotionalen Anspruchs, aufeinander aufgebaut.

Tipp: Wenn Sie Schwierigkeiten haben, den Text zu lesen und dabei gleichzeitig die auf Ihrem Körper stehende Klangschale anzuschlagen, können Sie die Meditationen natürlich auch mit einem Smartphone aufnehmen. So können Sie sich dann beim Zuhören der Texte ganz auf das Anschlagen der Schale konzentrieren. Planen Sie bei der Aufnahme aber unbedingt auch die entsprechenden Sprechpausen mit ein!

Mit diesem „Trick" haben Sie auch ohne die Hilfe einer zweiten Person die Möglichkeit, die heilsamen Meditationstexte mit einer stimulierenden und gleichzeitig gesundheitsfördernden „Klangschalen-Massage" zu verbinden.

Natürlich eignen sich die präventiven Texte auch gut für die Anwendung in einer kleineren Gruppe. Möchten Sie hierbei auch, dass sich Ihre Teilnehmer eine Klangschale auf den Körper aufstellen, sollten Sie schon ein gewisses Grundwissen zum Thema besitzen. Dafür kann ich Ihnen mein Standardwerk für Einsteiger: „*Klangschalenmassage leicht gemacht*" ans Herz legen. In diesem Buch erkläre ich Ihnen die Basics und erläutere weitere Anwendungsmöglichkeiten, unter anderem auch, wie Sie eine komplette Klangschalen-Massage für Ihre Familie oder Freunde durchführen können.

Bei der Anwendung in einer Gruppe gibt es dann zwei Möglichkeiten:

1. Ist für jeden einzelnen Teilnehmer eine eigene Klangschale mit einem passenden Filz-Klöppel

vorhanden, kann sich dieser die Schale selbst auf seine gewünschte Körperstelle aufstellen und sie dann zu den von Ihnen vorgetragenen Meditationstexten (nur in den Sprechpausen!) anschlagen. Dabei sollten alle Klangschalen gut im Ton zueinander passen, so dass es am Ende nicht noch unharmonisch klingt.

Bei dieser Anwendungsart empfehle ich Ihnen daher nicht mehr als maximal 5 Teilnehmer.

2. Als Gruppenleiter können Sie auch selbst alle vorhandenen Klangschalen, passend zu den von Ihnen vorgetragenen Meditationstexten, vor sich stellen und dann sanft und gefühlvoll anschlagen.

Damit Ihnen dies auch auf Anhieb gelingt und Sie es so einfach wie möglich haben, sind in den folgenden Texten größere oder kleinere Leerzeilen vorhanden. Diese visuellen Abstände entsprechen den von Ihnen einzuhaltenden längeren oder kürzeren Sprechpausen, in denen Sie (oder Ihre Teilnehmer) dann nur noch die Klangschalen anklingen lassen.

WICHTIG:

Auch bei naturheilkundlichen Anwendungen kann es gewisse Kontraindikationen geben und es kann, unter ungünstigen Umständen, sogar zu unerwünschten Nebenwirkungen oder Reaktionen kommen. Da die Schwingungen der Klangschalen den ganzen Körper durchdringen, sollten Sie Ihre Teilnehmer unbedingt auf mögliche Kontraindikationen der Schwingungen hinweisen. Besonders bei Herzproblemen oder bei einer Schwangerschaft sollte keine Klangschale direkt auf den Körper aufgestellt, und dort angeschlagen werden!

Wie immer dürfen Sie im privaten Bereich alle meine Texte uneingeschränkt verwenden. Gerne können Sie die Meditationstexte auch in Ihren Kursen und bei Events etc. vor Publikum vortragen. Bleiben Sie aber fair! Ich bitte Sie bei einer kommerziellen Nutzung daher immer um den nötigen Hinweis auf mich als rechtmäßige Autorin! Bei jeglicher Verwendung in gedruckter Form erwarte ich bereits im Voraus Ihre Kontaktaufnahme bezüglich einer schriftlichen Genehmigung. (Urheberrecht!)

Ich wünsche Ihnen nun viel Spaß und Erfolg beim Ausprobieren, Umsetzen und Anwenden!

Zur Beachtung:
Die in den nachfolgenden Meditationstexten enthaltenen Leerzeilen entsprechen immer den einzuhaltenden Sprechpausen!

Achtsamkeits-Meditation

Lege oder setze Dich bequem hin und schließe dann
Deine Augen.

Atme tief ein - und aus, lasse alle Deine Gedanken
und Sorgen los, und komme nun ganz im Hier und
Jetzt an.

Spüre die Unterlage unter Dir, die Dich sicher trägt,
und spüre, wie Dein Körper immer tiefer und tiefer
darin einsinken möchte.

Nun lasse den Klang der Klangschale ganz in Deinem
Bewusstsein ankommen.

Höre aufmerksam zu, wie der Ton der Schale klingt
und wie er sich langsam, immer mehr und mehr,
wellenförmig in Dir ausbreiten möchte,
bis er danach fast wieder ganz verklingt.

Lasse die Schwingung nun tief in Dich eindringen und
spüre wie sie sich dabei, nach und nach, bis in jede
Zelle Deines Körpers ausdehnt.

Richte nun Deine Aufmerksamkeit intensiver auf
Deinen Atem.

Beobachte, wie Dein Atem ganz ruhig und gleichmäßig, ein- und ausströmt.

Spüre, wie sich der Atemfluss nun in Deinem gesamten Körper ausbreitet und ihn dabei mit neuer Lebenskraft erfüllt.

Nimm wahr, wie der Atem alles Negative aus Dir heraus atmen möchte um Dir neuen Platz für positive Energie und Achtsamkeit zu machen.

Während Du weiterhin aufmerksam Deinen Atem beobachtest, lässt Du den Klang der Klangschale allmählich leiser werden, bis er schließlich ganz verklungen ist.

Spüre, wie Dich die Schwingung immer noch sanft umhüllt und eine Atmosphäre der inneren Ruhe und Gelassenheit in Dir schafft.

Nun fühle ganz bewusst in Deinen Körper hinein. Was kannst Du *jetzt* dort spüren?

Nimm wahr, ob es noch irgendwo Spannungen oder Blockaden gibt und sende Deinen Atem dann genau dorthin, um diese sanft zu lösen.

Sei achtsam und liebevoll zu Dir, während Du Dich innerlich immer tiefer und tiefer entspannst und alles Belastende, nach und nach, einfach loslässt.

Allmählich wird es nun Zeit, diese Meditation der Achtsamkeit für heute zu beenden.

Wenn Du Dich dann innerlich dazu bereit fühlst, kannst Du Deine Augen wieder langsam öffnen und gedanklich in diesen Raum, ins Hier und Jetzt, zurückkehren.

Nimm Dir noch einen Augenblick lang Zeit, um die achtsamen Momente und den sanften Klang der Klangschale tief in Deinem Inneren zu bewahren und zu manifestieren, bevor Du wieder ganz in Deinen Alltag zurückkehrst.

Fühle Dich gestärkt und erfüllt von einer großen Dankbarkeit, von dem Gefühl der Achtsamkeit und einer tiefen, inneren Ruhe.

Stärkung der Gesundheit und des Wohlbefindens

Schließe sanft Deine Augen und finde eine bequeme Position, während Du Dich auf Deine meditative Reise zur Stärkung Deiner Gesundheit und Deines Wohlbefindens begibst.

Lasse Dich dabei Durch die sanften Klänge der Klangschale begleiten und in einen Zustand der tiefen Ruhe und inneren Entspannung führen.

Atme *jetzt* tief ein - und spüre, wie sich die frische Luft in Deinen Lungen ausbreitet und neue Energie und Vitalität in Deinen gesamten Körper bringt.

Atme dann langsam aus - und lasse dabei jegliche Anspannungen und Belastungen los, die Du vielleicht noch in Dir fühlen kannst.

Nimm wahr wie die Anspannung Deiner Muskeln mit jedem Atemzug weniger wird, während Du Dich immer tiefer und tiefer in die Entspannung fallen lassen kannst.

Lasse *jetzt* alle Gedanken und Sorgen des Tages los und erlaube Dir, in diesem Moment vollständig präsent zu sein.

Jeder einzelne Klang der Klangschale umhüllt Dich
nun wie eine warme Decke und lädt Dich ein, Dich
immer intensiver und tiefer zu entspannen.

Die sanften Vibrationen durchdringen nach und nach
Deinen ganzen Körper und beruhigen Deinen Geist,
während sie gleichzeitig Dein physisches und
psychisches Wohlbefinden anregen und Deine innere
Harmonie fördern.

Stelle Dir *jetzt* vor, wie eine goldene Lichtquelle ein
Stück über Dir schwebt und Dich dabei mit ihrem
warmen Glanz umhüllt. Dieses Licht ist voller
heilender Energie und strahlt Gesundheit,
Wohlergehen und Vitalität aus.

Visualisiere, wie dieses warme Licht allmählich durch
Deinen ganzen Körper fließt, jede Deiner einzelnen
Zellen mit seiner heilenden Kraft durchdringt und
sich sämtliche Blockaden und alle Ungleichgewichte
in Dir, *jetzt,* einfach auflösen.

Spüre, wie sich Deine Gesundheit und Dein
Wohlbefinden mit jedem Atemzug verbessern
möchten, während Du Dich immer tiefer und tiefer in
diesen heilenden Prozess hineinfallen lassen kannst.

Nimm Dir nun noch einen Moment, in dem Du tiefe Dankbarkeit für Deinen Körper und Deine Gesundheit empfindest, für alle die wunderbaren Dinge, die er Dir Tag für Tag ermöglicht.

Erlaube Dir jetzt, dieses Gefühl der Dankbarkeit und der unendlichen Fülle zu spüren, um es künftig wieder bewusster in Dein tägliches Leben zu integrieren.

Kehre dann langsam wieder in diesen Raum zurück.

Bewahre Dir das Gefühl der Entspannung, der inneren Harmonie und des Wohlbefindens, dass Du während dieser Meditation erfahren durftest.

Öffne nun langsam Deine Augen und nimm die Welt um Dich herum, mit einem Gefühl der Ruhe und des inneren Friedens, wieder bewusster wahr.

Möge diese Meditation Dir helfen, Deine Gesundheit und Dein Wohlbefinden zu stärken und Dir dadurch ermöglichen, ein erfülltes Leben voller Vitalität und Lebensfreude zu führen.

Gelassenheit und innere Ruhe

Schließe Deine Augen und tauche ein - in eine tiefe und entspannende Reise - die von den beruhigenden Klängen der Klangschale begleitet wird, und die Dir helfen wird, zu mehr Gelassenheit und innerer Ruhe zu finden.

Suche Dir eine bequeme Position, sei es im Sitzen oder im Liegen, und erlaube Deinem Körper, sich nun vollständig zu entspannen.

Lasse Deine Gedanken kommen und gehen, ohne ihnen zu viel Aufmerksamkeit zu schenken.

Erlaube *jetzt* Deinem Geist, sich allmählich zu beruhigen.

Stelle Dir nun vor, dass Du Dich an einem ruhigen Ort befindest, umgeben von der reinen Schönheit der wundervollen Natur.

Vielleicht gehst Du dazu gedanklich nun an einen stillen See, in einen blühenden Garten oder Du möchtest lieber auf einem grünen Berggipfel sein?

Visualisiere Dir diesen Ort so lebendig wie möglich und spüre die friedliche Energie, die er *jetzt,* nur für Dich, ausstrahlt.

Während Du Dich nun an diesem stillen Ort entspannst beginnst Du damit, Dich wieder mehr auf Deinen eigenen Atemrhythmus zu konzentrieren.

Spüre, wie Deine Atemluft ganz sanft in Deinen Körper einfließt, und Dich mit jedem Deiner einzelnen Atemzüge ruhiger und gelassener werden lässt.

Die verzaubernden Klänge der Klangschale begleiten Dich auf Deiner inneren Reise und helfen Dir dabei, dass Du Dich immer noch tiefer und tiefer entspannen kannst, um in den wunderbaren Zustand der inneren Ruhe und Gelassenheit zu gelangen.

Die sanften Töne wiegen Dich in absoluter Sicherheit und schaffen Dir eine angenehme Atmosphäre wohltuender Geborgenheit.

Stelle Dir *jetzt* vor, wie Du Dich dem Fluss des Lebens nun völlig hingibst und Du den Moment vollkommen annimmst, genauso, so wie er *jetzt* ist.

Erlaube Dir nun alles loszulassen, alles, was Dich belastet, und gib Dich dann einfach nur noch dem Gefühl der Ruhe und Gelassenheit hin.

Während Du Dich in diesem Gefühl der intensiven Ruhe und absoluten Gelassenheit badest spürst Du, wie sich die Wärme und tiefe Zufriedenheit völlig in Dir ausbreiten möchte.

Du fühlst Dich nun leicht und frei, befreit von den Fesseln der Sorgen und Ängste, die Dich schon so lange belastet haben.

Stelle Dir vor, wie Du Dich Tag für Tag gelassener und ausgeglichener fühlst, während Du Dich immer mehr und mehr in diesem Zustand der inneren Ruhe verlierst.

Sieh Dir selbst zu wie Du, voller Frieden und Ausgeglichenheit, Deinen Dir bestimmten Weg zu einem erfüllten Leben gehst.

Atme tief ein - und aus, und verankere diese positive Energie nun ganz tief in Deinem Inneren.

Du bist fest entschlossen, künftig wieder mehr Gelassenheit und Ruhe in Deinen Alltag zu integrieren, und Du kannst dieses Vorhaben auch täglich erfolgreich umsetzen!

Kehre nun langsam wieder in den Raum zurück, in dem Deine innere Reise vorhin begonnen hat. Öffne dann ganz entspannt Deine Augen und nimm die Welt um Dich herum, mit dem schönen Gefühl der Gelassenheit und des inneren Friedens wahr.

Selbstvertrauen und Selbstwert

Diese Meditation zum Thema Selbstvertrauen und Selbstwert unterstützt Dich durch die harmonischen Klänge der Klangschale.

Schließe dazu nun Deine Augen und finde eine bequeme Position, sei es im Sitzen oder Liegen.

Atme tief ein- und aus, und lasse dabei alle Anspannungen Deines Körpers los.

Spüre, wie sich mit jedem Deiner Atemzüge ein wohliges Gefühl der Ruhe und Entspannung in Dir ausbreitet.

Stelle Dir nun vor, dass Du Dich *jetzt* in einem Raum voller goldenem Licht befindest. Dieses Licht strahlt eine große Wärme und Geborgenheit aus und umhüllt Deinen ganzen Körper wie eine sanfte Umarmung.

Atme dieses Licht tief in Dich ein und lasse Dein ganzes Inneres von ihm durchdringen, um Dich dadurch mit seiner positiven Energie zu füllen.

Nun richte Deine Aufmerksamkeit auf Dein Herzzentrum.
Spüre die Kraft und die Schönheit, die tief in Dir ruht.

Du bist einzigartig und wertvoll, genau so, wie DU bist!

Erlaube Dir, diese Erkenntnis tief in Dein Sein zu integrieren um Dein Selbstvertrauen und Deinen Selbstwert zu stärken.

Während Du Dich auf Deinen Herzensraum konzentrierst, hörst Du die sanften Klänge der Klangschale.

Die Töne fließen durch Deinen gesamten Körper wie ein sanfter Strom, der Dich auf Deiner inneren Reise begleitet und unterstützt.

Lasse Dich von diesen Klängen tragen und noch tiefer in Dein Unterbewusstsein führen.

Visualisiere Dir nun eine Szene, in der Du Dich voller Selbstvertrauen und Selbstliebe fühlst:

Vielleicht stehst Du auf einem Gipfel und blickst über ein weites Tal, voller Zuversicht und Stolz über das, was Du schon alles erreicht hast.

Oder Du begegnest Deinen täglichen Herausforderungen mit großem Mut und wilder Entschlossenheit, wissend, dass Du stark und Leistungsfähig bist und Deine Ziele erreichen wirst.

Während Du Dir diese Situation ausführlich in Deinem Geist vorstellst und in all seinen Einzelheiten ausmalst spürst Du, wie sich Dein Selbstvertrauen immer weiter und weiter aufbaut.

Du fühlst Dich mit Deiner inneren Kraft fest verbunden und Du weißt, dass Du allem, egal was das Leben Dir abverlangt, jederzeit auch gewachsen bist.

Atme tief ein - und aus, und verankere dabei dieses intensive Gefühl voller Selbstvertrauen und Selbstliebe nun in Dir.

Du trägst es ab sofort wie einen kostbaren Schatz in Deinem Herzen und kannst in Zukunft immer dann darauf zurückgreifen, wenn Du dies für nötig hältst.

Allmählich ist es an der Zeit, gedanklich wieder in den Raum zurück zu kehren, in dem Deine innere Reise vorher begonnen hat.

Öffne dazu langsam Deine Augen und nimm nun die Welt um Dich herum, mit einem Gefühl voller Selbstvertrauen und Zuversicht, wieder wahr.

Du bist einzigartig,
Du bist stark,
Du bist wundervoll,
Du bist wertvoll!

Selbstbewusstsein und innere Stärke

Schließe Deine Augen und tauche dann in den kommenden Minuten ganz in diese Fantasiereise ein die Dir helfen wird, Deine innere Stärke und Dein Selbstbewusstsein wieder neu zu entdecken.

Auf dieser Reise zu Dir selbst werden Dich die sanften und harmonischen Klänge der Klangschale unterstützen.

Stelle Dir nun vor, dass Du Dich *jetzt* ganz oben auf einem hohen Berg befindest, umgeben von majestätischen Gipfeln und einer grandiosen und fast endlosen Aussicht.

Die Luft ist klar und erfrischend und Du spürst die kraftvolle Energie der Natur, die Dich umgibt.

Atme tief ein - und lasse beim Ausatmen alle Zweifel, Sorgen und Unsicherheiten los.

Spüre, wie sich mit jedem Atemzug eine tiefe Ruhe und Gelassenheit in Dir ausbreiten möchte.

Du bist hier, Du bist stark und Du bist *jetzt* bereit, Deine innere Kraft und die in Dir schlummernde Stärke neu zu entfalten.

Die Klänge der Klangschale begleiten Dich auf Deiner inneren Reise und helfen Dir, nun zu Deiner inneren Mitte zu finden.

Ihre sanften Töne wiegen Dich in absoluter Sicherheit und schaffen eine wundervolle Atmosphäre der tiefen Geborgenheit für Dich.

Stelle Dir vor, wie Du Dich nun mit der Energie der Berge verbindest.
Schon nach ein paar Atemzügen fühlst Du Dich so stark und unerschütterlich, wie ihr hartes Gestein.

Fühle die Kraft, die von ihnen ausgeht, und lasse diese kraftvolle Energie langsam Durch Deinen gesamten Körper hindurchfließen. Beginne dabei bei Deinen Zehen und gehe dann hinauf bis zum Kopf.

Stelle Dir *jetzt* vor, dass Du vor einem Spiegel stehst und dabei Dein eigenes Ich betrachtest, Dein strahlendes Gesicht siehst, und Du voller Liebe und Akzeptanz für Dein Selbst bist.

Und nun gehst Du gedanklich zu einer Situation, in der Du Dich stark, voller Selbstbewusstsein und Selbstvertrauen fühlen möchtest.

Vielleicht stehst Du dabei vor einer großen Herausforderung und Du bist *jetzt* bereit, sie mit neuem Mut und Entschlossenheit anzunehmen?

Während Du nun diese Szene in Deinem Geist erlebst

spürst Du, wie sich Deine innere Stärke immer weiter und weiter in Dir entfalten möchte.

Du fühlst Dich mit Deiner eigenen, inneren Kraft tief verbunden und Du weißt, dass Du künftig allem, was das Leben Dir anbietet, gewachsen bist.

Atme tief ein - und aus, und verankere dadurch dieses Gefühl des hohen Selbstbewusstseins und der inneren Stärke tief in Dir.

Du trägst diese intensive Emotion künftig wie ein Schutzschild um Dich herum. Du kannst darauf vertrauen, dass Du jederzeit darauf zurückgreifen kannst, immer, wenn Du Unterstützung benötigst.

Doch bald schon wird es wieder Zeit, diese Meditation für heute zu beenden. Kehre dazu langsam mit Deinen Gedanken in den Raum zurück, in dem Deine innere Reise vorher begonnen hat.

Wenn Du dann spürst, dass für Dich der richtige Moment gekommen ist, öffnest Du langsam wieder Deine Augen.

Nimm die Welt um Dich herum mit einem Gefühl der inneren Stärke und des hohen Selbstbewusstseins wahr.
Du bist kraftvoll, Du bist mutig, und Du bist erfüllt von innerer Stärke und aufgebautem Selbstvertrauen.

Emotionale und seelische Verstimmungen

Schließe Deine Augen und begib Dich dann auf eine innere Reise - auf eine entspannte Reise die Dir helfen wird, Deine emotionalen und seelischen Verstimmungen zu überwinden und auf der Du auch Dein inneres Gleichgewicht wiederfinden wirst.

Auf dieser Reise begleiten und unterstützen Dich die harmonischen Klänge der Klangschale.

Finde nun eine bequeme Position, sei es im Sitzen oder im Liegen.
Erlaube Dir und Deinem Körper dann, Dich vollständig fallen zu lassen und Dich zu entspannen.

Atme einige Male tief ein - und aus, und lasse dabei alle Anspannungen und Sorgen des Tages einfach los…

Stelle Dir *jetzt* vor, dass Du Dich an einem ruhigen Ort befindest, umgeben von der vollkommenen Reinheit und Schönheit der Natur.

Vielleicht bist Du in einer stillen Waldlichtung,
an einem ruhigen See,
oder lieber in einem malerischen Garten?

Stelle Dir diesen Ort so lebendig wie möglich vor und spüre die Energie, die er in diesem Moment nur für Dich ausstrahlt.

Während Du Dich an diesem wunderbaren Ort völlig entspannst beginnst Du allmählich, Dich auf eine emotional belastende, seelische Verstimmung zu konzentrieren, die Dich aktuell (oder auch aus der Vergangenheit noch) belastet.

Spüre, wie sich diese Verstimmung in diesem Augenblick für Dich noch wie eine schwere Last auf Deinen Schultern anfühlt und erlaube Dir dann, sie *jetzt* genau so anzunehmen wie sie ist, ohne Dich von ihr überwältigen zu lassen.

Die harmonischen Klänge der Klangschale begleiten Dich und helfen Dir, nach und nach, dass Du allmählich zu einem gelasseneren und wertfreien Zustand finden kannst.

Die sanften Töne wiegen Dich in absoluter Sicherheit und schaffen Dir eine beruhigende Atmosphäre der tiefen Geborgenheit.

Stelle Dir *jetzt* vor, wie Du Dich dem Gefühl der emotionalen Blockade und seelischen Verstimmung ganz öffnen kannst und ihm dann erlaubst, sich von Dir abzulösen.

Visualisiere, wie das belastende Gefühl nun wie Nebel in der Sonne verschwindet, während Du ihm dabei ruhig und gelassen zusiehst.

Während Du Dich von der emotional belastenden, seelischen Verstimmung völlig befreist spürst Du ganz intensiv, wie sich das Gefühl der tiefen Ruhe und Gelassenheit in Dir ausbreiten möchte.

Mit jedem neuen Atemzug fühlst Du Dich nun immer leichter und freier, befreit von der Last, die Dich so sehr bedrückt hat.

Du bist *jetzt* bereit, Dein Leben wieder in vollen Zügen zu genießen.

Stelle Dir vor wie Du Dich künftig, Tag für Tag, immer stärker fühlst, während Du gleichzeitig Deine emotionale Belastung und seelische Verstimmung dauerhaft überwindest.

Sieh Dich nun selbst in einigen Situationen voller glücklicher Momente und großer Lebensfreude, in denen Du Deinen ganz persönlichen Weg zu einem erfüllten und zufriedenen Leben findest und gehst.

Atme dann kräftig ein - und aus, und verankere dabei dieses positive Gefühl und die angenehme Entspannung tief in Deinem Inneren.

Dazu kannst Du *jetzt* einen Deiner Daumen mit den restlichen Fingern fest umschließen und drücken.

Wiederhole diese Geste immer dann, wenn Du mentale Stärke und emotionale Unterstützung brauchst, damit sich Dein Unterbewusstsein immer wieder an diesen besonderen Moment erinnert.

Du selbst trägst die Kraft in Dir, mit der Du Deine seelisch belastenden Emotionen und Verstimmungen ganz weit hinter Dich lassen kannst.

Kehre nun wieder langsam in den Raum zurück, dorthin, wo Deine Reise vorher begonnen hat.

Öffne dann Deine Augen und nimm die Welt um Dich herum wieder ganz bewusst und intensiv wahr.

Schlechte Gewohnheiten ablegen

Hier ist ein Meditationstext der Dir helfen kann, Deine schlechten Gewohnheiten *(hier kannst Du auch z.B. das Rauchen, Trinken, emotionales Essen, Fluchen… für Dich einsetzen)* aufzugeben. Die beruhigenden Klänge der Klangschale unterstützen und begleiten Dich dabei.

Finde *jetzt* eine Körperhaltung die für Dich bequem ist, und schließe dann Deine Augen. Du kannst Dich setzen oder legen, ganz wie Du dies möchtest.

Atme tief ein - und aus, und lasse dabei alle Verspannungen Deines Körpers los.
Gehe dazu gedanklich durch alle Deine einzelnen Körperteile und prüfe an jeder Stelle nach, ob Du irgendwo noch eine Anspannung spürst.

Sende dann Deinen Atem genau an diese Stelle.

Spüre, wie sich mit jedem Atemzug eine tiefe Ruhe und Entspannung in Dir ausbreiten möchte.

Stelle Dir nun vor, dass Du Dich *jetzt* an einem einsamen Strand befindest, umgeben von sanften Wellen, leisem Meeresrauschen und warmem Sonnenlicht.

Der Sand unter Dir fühlt sich ganz weich und angenehm an, die salzige Meeresluft füllt Deine

Lungen mit frischer Energie und schenkt Dir neue Lebenskraft.

Während Du Dich an diesem friedlichen Ort immer mehr und mehr entspannst beginnst Du, Dich allmählich auf Dein Ziel zu konzentrieren, (z.B. das Rauchen aufzugeben) und daran zu denken, wie Du schon bald ein gesünderes Leben führst.

Stelle Dir nun in allen Einzelheiten vor wie es ist, wenn Du vor Gesundheit nur so strotzt und vor Vitalität strahlst, sobald Du Dein Ziel erreicht hast.

Die Klänge der Klangschale begleiten Dich bei Deiner Visualisierung und unterstützen Dich, in einen tiefen, hypnoseähnlichen Zustand zu gelangen.

Ihre sanften Töne geben Dir Sicherheit, sie schaffen Dir eine angenehme Atmosphäre der absoluten Geborgenheit und geben Dir die tiefe Gewissheit, dass Du schon bald Dein Ziel erreichen wirst.

Stelle Dir vor, wie Du *jetzt* Dein Unterbewusstsein öffnest und dabei positive Affirmationen empfängst, die Dich auf Deinem Weg unterstützen.

Wiederhole in Gedanken Sätze wie:
"Ich entscheide mich für ein Leben voller Gesundheit und Wohlbefinden" oder
"Ich bin frei von der Sucht nach Zucker" oder
"Meine Lunge atmet ganz unbeschwert, frei und leicht."

Während Du Dir nun Deine ganz persönliche Affirmation gedanklich noch mehrmals wiederholst spürst Du, wie sich ein Gefühl der Stärke und festen Entschlossenheit in Dir ausbreitet.

Du fühlst Dich bereit, die schlechte Gewohnheit ab *jetzt* ganz loszulassen, um Dein neues, gesünderes Leben zu beginnen.

Stelle Dir vor, wie Du Tag für Tag immer vitaler (oder: ruhiger) wirst und sich Dein Körper nach und nach immer mehr regeneriert.

Sieh Dich selbst in Deinem neuen Leben, voller Energie und Lebensfreude, während Du Deine persönlichen Ziele erreichst.

Atme *jetzt* tief ein - und aus, und verankere dabei diese positiven Gefühle und Gedanken ganz tief in Deinem Unterbewusstsein. Du bist stark und entschlossen, wieder die absolute Kontrolle über Dein Leben zurückzugewinnen und dieses selbst in der Hand zu haben.

Nun wird es allmählich wieder Zeit, ins Hier und Jetzt zurückzukommen. Öffne dazu langsam Deine Augen und nimm die Welt um Dich herum mit einem Gefühl der tiefen Zuversicht und des unerschütterlichen Optimismus wahr. Du trägst die Kraft in Dir, Deine Gewohnheiten zu ändern, und Du wirst darin erfolgreich sein!

Motivation und Durchhaltevermögen

Nimm *jetzt* eine für Dich bequeme Körperhaltung ein.

Schließe Deine Augen und lasse Dich dann auf die faszinierende Welt der Autosuggestion ein.
Die Schwingungen und beruhigenden Klänge der Klangschale begleiten Dich, stärken Deine Motivation und unterstützen Dein Durchhaltevermögen.

Lass Dich von ihrer sanften Melodie in eine Welt der Fantasie und Entspannung tragen, während Du Dich gleich auf Deine persönlichen Ziele konzentrieren wirst und dabei die Kraft und Entschlossenheit entwickelst, um diese nachhaltig zu verwirklichen.

Stelle Dir vor, dass Du Dich *jetzt* an einem weißen Sandstrand befindest. Das leise Rauschen der Wellen beruhigt Deine Sinne und die warme Meeresluft streichelt sanft über Deine Haut.

Der weite Horizont vor Dir symbolisiert die unendlichen Möglichkeiten, die Dir in Deinem Leben noch offenstehen.

Während Du langsam am Ufer entlanggehst, spürst Du plötzlich eine starke Präsenz.

Du blickst zur Seite und entdeckst direkt hinter Dir einen mächtigen Elefanten. Seine ruhige und majestätische Ausstrahlung fasziniert und stärkt Dich zugleich.

Seine starken Stoßzähne symbolisieren Dir die Kraft und Entschlossenheit die auch Du brauchen wirst, wenn Du Deine Ziele langfristig erreichen möchtest.

Der Elefant lädt Dich nun freundlich dazu ein, ihn auf seiner Reise durch die Wildnis zu begleiten.

Gemeinsam durchstreift Ihr nun die grünen Wälder und trockenen Savannen.
Jedes Hindernis, dem ihr dabei begegnet, wird zu einer Gelegenheit, bei der Du ihm Deine Stärke und Ausdauer zeigen kannst.

Der Elefant weckt in Dir Dein inneres Feuer und unterstützt Dich damit auf der Suche nach Deinen ganz persönlichen Zielen und Lösungen.

Die Klänge der Klangschale begleiten Euch auf Eurem Weg und helfen Dir, Deine Gedanken dazu zu sortieren - und zu ordnen.

Die feinen und sanften Schwingungen durchdringen Deinen gesamten Körper und lassen Dich in einen Zustand der tiefen Entspannung und Ruhe fallen.

Schon bald fühlst Du Dich erfrischt und nach und nach erneuert sich auch Deine verbrauchte Energie.

Plötzlich steht Ihr an einer Stelle, von der aus Ihr einen atemberaubenden Blick auf die ganze Umgebung habt.

Unter Euch breitet sich ein weites Tal aus, das Dich an die unendlichen Möglichkeiten erinnert, die sich Dir bieten, wenn Du Deine Ziele und Träume konsequent weiterverfolgst.

Nun senkt der Elefant seinen gewaltigen Rüssel und berührt damit sanft Deine Hand, als Zeichen seiner Ermutigung und Unterstützung.

Seine warmen, dunklen Augen strahlen eine große Zuversicht und unerschütterliches Vertrauen in Dich aus.

Du spürst, wie zwischen Euch ein Gefühl von unendlich tiefer Verbundenheit und Stärke entsteht.

Gemeinsam nehmt Ihr beide *jetzt* einen tiefen Atemzug und streckt Euch dann zusammen hoch hinauf in den Himmel.

Du bist nun bereit, Deine Träume zu verwirklichen und kannst Deine langfristigen Ziele mit der Hilfe Deines neuen Freundes auch erreichen.

Atme noch einmal tief ein - und aus, und spüre dann die intensive Kraft und das hohe Energielevel, das Dich *jetzt* durchströmt.

Du bist wild dazu entschlossen, Deine Ideen und
Vorhaben schon bald in die Tat umzusetzen und Du
wirst darin sehr effektiv und erfolgreich sein.

Verabschiede Dich nun von Deinem grauen Begleiter
und bedanke Dich für seine Freundschaft und die
große Unterstützung.

Dank seiner Hilfe fühlst Du Dich nun persönlich und
mental gestärkt.
Du bist bereit Deine Ziele zu erreichen, und Nichts
und Niemand kann Dich dabei aufhalten.

Du trägst bereits die ganze Kraft und die nötigen
Energien in Dir, mit der Du Deine Träume umsetzen,
und auch verwirklichen kannst.

Kehre nun allmählich gedanklich wieder in den Raum
zurück, in dem Du Deine Ziel-Visionen begonnen
hast.

Öffne dann langsam Deine Augen und nimm die
Welt um Dich herum mit dem guten Gefühl der
wilden Entschlossenheit und des tiefen Vertrauens in
Dich selbst wahr.

Aktiviere Deine Selbstheilungskräfte

Schließe Deine Augen und tauche dann tief in eine Art Selbst-Hypnose ein, die Deine Gesundheit verbessern, und Deine Selbstheilungskräfte aktivieren kann. Die sanften Schwingungen der Klangschale werden Dich dabei nachhaltig unterstützen und begleiten.

Finde eine bequeme Position, sei es im Sitzen oder im Liegen, und erlaube Deinem Körper dann, sich ganz zu entspannen.

Atme *jetzt* tief ein - und aus, und spüre, wie sich mit jedem Deiner Atemzüge eine tiefe Ruhe und Entspannung in Dir ausbreiten möchte.

Stelle Dir nun vor, dass Du Dich an einem idyllischen Ort befindest, inmitten in der Schönheit der Natur.

Vielleicht gehst Du dazu an einen ruhigen See, in einen blühenden Garten oder auf einen grünen Berggipfel?

Visualisiere Dir diesen Ort jedenfalls so lebendig wie möglich und spüre die grenzenlose Energie, die er dabei für Dich breit hält.

Während Du Dich nun an diesem wundervollen Ort entspannst beginnst Du, Dich ganz auf Deinen Körper zu konzentrieren und nebenbei Deine

Selbstheilungskräfte zu aktivieren, die tief in Dir schlummern.

Stelle Dir *jetzt* ein strahlendes Licht vor, das Dich ganz sanft umhüllt. Dieses kraftvolle, helle Licht ist voller Heilungsenergie und Vitalität. Es durchdringt nun jeden Teil Deines gesamten Körpers.

Die heilungsfördernden Klänge der Klangschale begleiten Dich auf Deiner inneren Reise und helfen Dir dabei, in einen tiefen, hypnotischen Zustand zu gelangen.

Ihre sanften Töne wiegen Dich in absoluter Sicherheit und schaffen Dir eine angenehme Atmosphäre der wunderbaren Geborgenheit und bedingungslosen Liebe.

Stelle Dir nun vor, wie Du Dein Unterbewusstsein öffnest und positive Affirmationen empfängst, die Deine Gesundheit unterstützen und Deine Selbstheilungskräfte stärken.

Wiederhole leise für Dich selbst Sätze wie:
"Mein Körper ist ein Tempel, den ich liebe und respektiere",
"Ich bin voller Energie und Vitalität" oder auch
"Ich vertraue meinem Körper, dass er sich selbst helfen kann".

Während Du gedanklich eine dieser Affirmationen mehrmals wiederholst spürst Du, wie sich ein warmes Gefühl der Heilung und Stärke in Dir ausbreiten möchte.

Du fühlst Dich mit der unendlichen Kraft des ganzen Universums verbunden, die in Dir ruht und Dich immer umgibt.

Spüre, wie sich Dein Körper regeneriert und dabei wieder ins Gleichgewicht kommt.

Sieh Dich selbst in einem glücklichen Leben voller Lebensfreude, Dankbarkeit, Gesundheit und Wohlbefinden.

Atme nun noch einmal tief ein - und aus, und verankere *jetzt* diese positiven Gedanken und Gefühle ganz tief in Deinem Unterbewusstsein.
Du bist stark und hast Dich dazu entschlossen, Deine Selbstheilungskräfte nachhaltig zu aktivieren.

Kehre nun langsam wieder zurück in den Raum, in dem Du vorher Deine selbsthypnotische, innere Reise begonnen hast.

Öffne dann langsam Deine Augen und nimm die Welt um Dich herum mit dem tiefen Gefühl der großen Dankbarkeit und des inneren Friedens wahr.

Du trägst die Kraft in Dir, mit der Du selbst Deine Gesundheit wieder verbessern kannst, und Du wirst dabei sehr erfolgreich sein.

Innerer Stress und Burnout-Prävention

Schließe Deine Augen und lasse Dich dann auf diese entspannende Meditation ein. Sie wird Dir helfen, dass Du, nach und nach, Dein inneres Gefühl von Stress, Überlastung und Burnout überwinden kannst.

Auf dieser Reise wirst Du von den beruhigenden Klängen der Klangschale unterstützt und begleitet, deren Schwingungen Dich bei Deiner tiefen Entspannung unterstützen und tragen.

Finde eine bequeme Position, sei es im Sitzen oder Liegen, und erlaube Deinem Körper dann, sich vollständig fallen zu lassen.

Atme dazu einige Male tief ein - und aus, und lasse dabei alle Anspannungen und Sorgen des Tages los.

Stelle Dir *jetzt* vor, dass Du Dich an einem ruhigen Ort befindest, umgeben von der Vollkommenheit der Natur.

Vielleicht möchtest Du dazu gedanklich in einer Waldlichtung,
an einem ruhigen Teich, oder in einer duftenden Blumenwiese sein?

Stelle Dir diesen Ort so genau wie möglich vor und spüre die positive Energie, die er für Dich bereithält.

Während Du Dich an diesem friedlichen Ort nun tief entspannst beginnst Du, Dich nur noch auf Deine innere Balance zu konzentrieren.

Spüre, wie Du dabei mit jedem Atemzug immer ruhiger und gelassener wirst, während Du Dich von den sanften Schwingungswellen der Klangschale getragen fühlst.

Mit jedem einzelnen Ton möchten sich nun auch die ganzen Stressfaktoren des Alltags von Dir lösen und Dich von allen ihren negativen Auswirkungen ein für alle Mal befreien.

Die Klänge der Klangschale begleiten Dich auf Deiner inneren Reise. Sie helfen Dir, Dich in einen Zustand absoluter Ruhe zu führen, damit Du Dich immer noch tiefer und tiefer entspannen kannst.

Die sanften Töne wiegen Dich in völliger Sicherheit und geben Dir ein Gefühl von vollkommener Geborgenheit.

Stelle Dir *jetzt* vor, wie Du Dich dem Stress und dem Burnout öffnest und ihm erlaubst, sich von Dir zu verabschieden.

Visualisiere, wie das dumpfe Gefühl der Erschöpfung und des Ausgeliefertseins wie dunkle Wolken am Himmel an Dir vorüberziehen und Du dabei ganz ruhig und gelassen bleiben kannst.

Während Du Dich wirkungsvoll und nachhaltig von all diesen negativen Emotionen befreist spürst Du, wie sich ungeahnte Energie und Lebensfreude in Dir ausbreiten möchte.

Mit jedem Atemzug fühlst Du Dich immer leichter und freier. Du bist endlich befreit von der ganzen Last, die Dich schon so lange begleitet hat.

Noch ein paar Atemzüge und Du bist bereit, Dein Leben wieder in vollen Zügen zu genießen.

Stelle Dir *jetzt* vor, wie Du Dich Tag für Tag immer stärker fühlst, wie Du allmählich Deine innere Balance wiederfindest und sich Deine ganzen Energie-Reserven und Dein innerer Akku wieder neu aufladen.

Sieh Dich dabei selbst in Situationen voller Lebensfreude und Vitalität, während Du Deinen Weg zu einem glücklichen und erfüllten Leben gehst.

Atme nun einige Male tief ein - und aus, und verankere dabei dieses Gefühl voller positiver Energie und absoluter Entspannung in Deinem Innersten.

Du bist stark und fest dazu entschlossen, das Gefühl von Stress, Überforderung und Burnout nicht mehr in

Dein Leben zu lassen, und Du wirst dabei erfolgreich sein!

Allmählich ist jedoch die Zeit gekommen, um gedanklich wieder langsam in Deinen Alltag zurückzukehren.

Nimm dazu noch einmal ein paar tiefe Atemzüge, die Dich ins Hier und Jetzt zurückbegleiten.

Öffne dann wieder Deine Augen und nimm die Welt um Dich herum mit einem sicheren Gefühl der inneren Ruhe und des vollkommenen Friedens wahr.

Du trägst die Kraft in Dir, mit der Du Deine innere Balance immer wieder neu in Dir finden kannst.

Löse Deine Spannungs-Kopfschmerzen

Schließe Deine Augen und begib Dich dann auf eine zauberhafte und heilsame Reise, die von den beruhigenden Klängen der Klangschalen begleitet wird. Lasse Dich von ihrer sanften Melodie in eine Welt der Fantasie und Entspannung tragen, während Du Dich ganz nebenbei auf die Linderung Deiner Beschwerden konzentrierst.

Stelle Dir *jetzt* vor, dass Du Dich in einem malerischen Garten befindest. Über Dir ist der strahlend blaue Himmel und Du spürst die warmen Sonnenstrahlen auf Deinem Gesicht. Deine Haut wird von einem angenehmen Sommerwind ganz sanft gestreichelt.

Während Du langsam durch den Garten wanderst, begegnest Du einem freundlichen Hund und einer verspielten Katze, die Dich mit ihren neugierigen Blicken begrüßen. Sie spüren Deine innere Unruhe und Deine anhaltenden Kopfschmerzen und beschließen, Dir zu helfen.

Du setzt Dich zu ihnen in das weiche Gras. Der brave Hund kommt mit seinen freundlichen Augen und treuem Blick langsam zu Dir her und legt Dir dann seinen Kopf in Deinen Schoß.

Seine ruhige Präsenz und seine angenehme Nähe lassen Deine Ängste und Sorgen schnell verblassen, während Du ihm gedankenverloren sein weiches Fell streichelst und ihm die Ohren kraulst.

Die Katze, geschmeidig und elegant, schlängelt sich sanft um Deine Beine und schnurrt dabei ganz leise. Ihre beruhigende Energie umhüllt Dich wie ein beschützender Mantel und lenkt dabei Deine Gedanken völlig von Deinen, leider oft präsenten, Kopfschmerzen ab.

Plötzlich hörst Du ein leises Klingen und entdeckst in der Ferne eine kleine, versteckte Lichtung, auf der eine Klangschale (oder auch: eine Gruppe von Klangschalen) steht.

Ihre Töne wirken sanft und beruhigend auf Dich. Sie laden Dich ein, alles um Dich herum zu vergessen und Dich nur noch auf ihre heilsamen Schwingungen zu konzentrieren.

Die wundervollen Klänge mischen sich mit den Geräuschen des Gartens und schaffen dabei eine harmonische Symphonie, die Deine Sinne beruhigt und Deine Kopfschmerzen nach und nach völlig verblassen lässt.

Die feinen Schwingungen durchdringen Deinen gesamten Körper und fließen ganz sanft nach oben, bis hinauf in Deinen Kopf. Du kannst spüren, wie nach jedem einzelnen Ton die Anspannung und der Druck dort allmählich nachlässt.

Während Du Dich auf die heilungsfördernden Klänge konzentrierst spürst Du, wie sich eine tiefe Entspannung in Deinem Körper ausbreiten möchte.

Deine Kopfschmerzen verblassen und Du fühlst Dich immer leichter und freier, bereit, diesen friedvollen Moment einfach anzunehmen und ihn in vollen Zügen zu genießen.

Der freundliche Hund und die sanfte Katze bleiben dabei an Deiner Seite und begleiten Dich auf Deiner Selbstheilungsreise.

Ihre liebevolle Anwesenheit und ihre unterstützende Energie geben Dir die nötige Kraft, mit der Du Deine innere Anspannung und die Kopfschmerzen überwinden, und künftig ein Leben voller Gesundheit und Wohlbefinden führen kannst.

Atme tief ein - und aus, und lasse dann die heilende Energie dieser Fantasiereise nochmals durch Deinen gesamten Körper fließen.

Du bist stark und dazu entschlossen, Deine Kopfschmerzen auf Dauer zu lindern, und dies wird Dir sicher auch gelingen.

Wenn Du Dich schließlich dazu bereit fühlst, kannst Du Deine Augen wieder öffnen. Nimm die Welt um Dich herum mit einem Gefühl der tiefen Ruhe, der Unbeschwertheit und des Wohlbefindens wahr.

Lasse die Alltags-Ängste los

Schließe Deine Augen und tauche dann gedanklich ganz in diese Fantasiereise ein, auf der Dich die Klänge der Klangschale sanft unterstützen und begleiten werden.

Während dieser Reise kannst Du Dich völlig entspannen und nach und nach Deine ganzen Alltags-Ängste loslassen.

Atme dazu *jetzt* ganz bewusst einige Male tief ein- und aus.

Stelle Dir dann vor, dass Du am Ufer eines ruhigen und malerischen Sees stehst. Das Wasser ist ganz klar und die warmen Sonnenstrahlen spiegeln sich wie goldene Fäden auf seiner glatten Oberfläche wieder.

Atme noch einmal tief ein- und aus, und lasse dabei alle Anspannungen und Sorgen Deines Alltags, alles was Dich aktuell noch belastet, *jetzt* einfach los.

Spüre, wie sich mit jedem weiteren Atemzug ein tiefes Gefühl der Ruhe und Entspannung in Dir ausbreiten möchte.

Und nun richte Deine ganze Aufmerksamkeit auf die alltäglichen Dinge, die Dich gerade belasten.

Vielleicht sind sie für Dich noch wie dunkle Wolken am Himmel, die das helle Licht der Sonne verdecken?

Du weißt tief in Deinem Inneren, dass hinter diesen Wolken immer die Sonne scheint, genauso wie auch schon die Kraft in Dir schlummert, mit der Du Deine Ängste überwinden kannst.

Die Klänge der Klangschale begleiten Dich auf Deiner inneren Reise. Sie helfen Dir, Dich mehr und mehr zu entspannen und alles, wirklich alles, *jetzt* loszulassen.

Die sanften Töne geben Dir viel Sicherheit und schaffen Dir eine Atmosphäre der Geborgenheit.

Stelle Dir vor, wie Du Deine kleinen und großen Ängste nun in Deine beiden Hände nimmst und sie dann ganz einfach weit hinaus in den See wirfst.

Sie versinken langsam im klaren Wasser, bilden kleine Wellen und lösen sich dann auf, bis sie schließlich vollständig verschwunden sind.

Mit jeder einzelnen Angst die Du loslässt, spürst Du eine große Erleichterung in Deinem Herzen.

Du fühlst Dich leicht und frei, befreit von der Last, die Dich schon so lange begleitet hat.

Blicke nun entspannt über den See, dessen Oberfläche nun wieder ganz ruhig und glatt wie ein Spiegel geworden ist.

Spüre, wie sich nun ein Gefühl der Zuversicht und des Vertrauens in Dir ausbreiten möchte.

Du bist stark und mutig und Du weißt, dass Du allem, was das Leben Dir noch bietet, künftig gewachsen bist.

Atme nun nochmals tief ein- und aus und verankere dadurch das konkrete Gefühl der inneren Stärke und des tiefen Vertrauens in Dir.

Du trägst diese Stärke nun wie einen kostbaren Schatz in Deinem Herzen und kannst jederzeit darauf zurückgreifen, immer, wenn Du dies benötigst.

Allmählich wird es Zeit, wieder ins Hier und Jetzt zurückzukehren.

Öffne nun langsam Deine Augen und nimm die Welt um Dich herum mit einem Gefühl der Erleichterung, des inneren Friedens und des Wohlbefindens wahr.

Du hast eben erfahren wie gut es sich anfühlt, Deine Alltags-Ängste loszulassen.

Fühle Dich nun völlig davon befreit und genieße ab *jetzt* Dein Leben in ganzen Zügen.

Gelassenheit bei Stress und hohem Blutdruck

Mache es Dir auf Deiner Unterlage ganz bequem. Finde dazu eine angenehme Position, sei es im Sitzen oder im Liegen, und erlaube Deinem Körper dann, sich vollständig zu entspannen.

Schließe *jetzt* Deine Augen und atme einige Male ruhig in Deinen Bauchraum ein - und langsam wieder aus. Ein - und aus. Ein - und aus.

Tauche in den nächsten ca. 20 Minuten tief in diese geführte Entspannungsreise ein die Dir dabei helfen wird, Deinen Stresslevel abzubauen und Deinen erhöhten Blutdruck wieder abzusenken.

Lasse Dich durch diese innere Reise von den sanften Schwingungswellen der Klangschale tragen und Dich dabei auch von den beruhigenden Klängen begleiten.

Atme noch einmal tief ein - und aus, und lasse dadurch *jetzt* alle Anspannungen und Sorgen des Tages los.

Stelle Dir nun bildlich vor, wie Du Dich an einem ruhigen Ort, inmitten der wundervollen Natur befindest.

Vielleicht gehst Du dazu gerne hoch hinauf auf einen Berg, legst Dich an einen einsamen Strand oder Du läufst lieber durch einen mediterranen, duftenden Kräuter-Garten? Du hast Die Wahl, suche es Dir aus.

Während Du Dich nun an diesem friedlichen Ort körperlich entspannst beginnst Du, Dich ganz auf Deinen Atemrhythmus zu konzentrieren.

Spüre, wie der Atem sanft in Deinen Körper einfließt und Dich mit neuer Energie und Lebensfreude erfüllt.

Nimm wahr, wie beim Ausatmen alle Deine Sorgen und Anspannungen des ganzen Tages einfach mit der Atemluft nun ganz weit von Dir fortgetragen werden.

Die Klänge der Klangschale begleiten Dich auf Deiner inneren Reise. Sie helfen Dir dabei, dass Du Dich immer noch tiefer und tiefer entspannen kannst.

Du findest immer mehr und mehr in einen Zustand der inneren Ruhe und des Wohlbefindens.

Die sanften Töne umhüllen Deinen gesamten Körper mit Ihren feinen Schwingungen und öffnen auch Deinen Geist.

Stelle Dir *jetzt* vor, wie Du nun dem täglichen Stress erlaubst, sich ganz von Dir zu lösen.

Visualisiere Dir, wie alles Belastende wie ein schwerer Mantel von Deinen Schultern herabgleitet und schaue ihm dabei zu, wie er langsam zu Boden fällt.

Sofort kannst Du Dich leichter und freier fühlen, befreit von der schweren Last, die Dich schon so lange begleitet hat.

Während Du Dich immer stärker darauf einlassen kannst spürst Du, wie sich allmählich auch Dein Blutdruck senkt und Dein ganzer Körper immer mehr und mehr zur Ruhe finden kann.

Deine Herzschläge werden noch ruhiger und gleichmäßiger, Du fühlst Dich von einer neuen Zuversicht und nie geahnten Gelassenheit erfüllt.

Sieh Dich nun selbst in Deinem neuen Leben voller Gesundheit und Wohlbefinden.

Stelle Dir vor wie es sein wird, wenn Du Dich Tag für Tag immer besser fühlst, während Du Deinen täglichen Stress regelmäßig abbaust und sich gleichzeitig dadurch auch Dein Blutdruck senkt.

Atme *jetzt* noch einmal kräftig ein - und aus, und verankere dann dieses schöne, positive Gefühl der absoluten Entspannung tief in Deinem Inneren.

Es wird Dir von Tag zu Tag immer besser gelingen Dich zu entspannen, Deinen Stress abzubauen und gleichzeitig Deinen Blutdruck zu senken.
Kehre mit diesem zuversichtlichen Gefühl nun wieder in den Raum zurück, dorthin, wo Deine Reise vorher begonnen hat.

Verbessere Deine Schlafprobleme

Schließe Deine Augen und beginne dann mit dieser
entspannenden Meditationsreise die Dir helfen wird,
Deine Schlafprobleme zu verbessern und wieder zu
einer erholsameren Nachtruhe zu finden.
Die harmonischen Töne der Klangschale werden
Dich dabei sanft unterstützen und begleiten.

Finde nun eine bequeme Position für Dich.
Du kannst Dich dazu hinsetzen oder auch hinlegen.
Suche Dir einfach das aus, was Du in diesem Moment
am liebsten möchtest.

Erlaube Deinem Körper dann, sich vollständig zu
entspannen. Atme dazu tief ein - und aus, und lasse
alle Sorgen und Anspannungen des Tages *jetzt* los.

Begib Dich nun in Gedanken an einen Ort, der Dich
besonders anspricht.
Dies kann irgendwo in der Natur sein, an einem Platz
oder in einem Raum, in dem Du Dich besonders
wohlfühlst und gerne aufhältst.

Während Du Dich nun an diesem friedlichen und
ruhigen Ort körperlich und geistig völlig entspannst
beginnst Du schon damit, Dich auf Deinen eigenen
Atemrhythmus zu konzentrieren.

Spüre, wie Dein Atem ganz regelmäßig und gleichmäßig in Dich ein - und wieder aus fließt.

Erlaube Dir nun, Dich mit jedem Deiner Atemzüge immer noch tiefer und tiefer zu entspannen.

Die Klänge der Klangschale begleiten Dich auf Deiner inneren Reise und unterstützen Dich, dass Du immer tiefer und weiter in einen Zustand der Balance und Ruhe finden kannst.

Die sanften und gleichmäßigen Töne vermitteln Dir Sicherheit und schenken Dir gleichzeitig ein Gefühl der Geborgenheit.

Stelle Dir *jetzt* vor, wie Du alle Deine Gedanken loslässt und gleichzeitig Dein Geist immer mehr und mehr zur Ruhe finden kann.

Erlaube Dir nun, langsam in einen Zustand der vollkommenen Gelassenheit und des inneren Friedens zu gleiten, in dem Du Dich auf allen Ebenen entspannst und Dich allmählich auf einen erholsamen Schlaf vorbereitest.

Während Du Dich mental schon auf Deinen tiefen Schlaf einstellst spürst Du, wie sich der Zustand angenehmer Entspannung immer mehr und mehr in Deinem gesamten Körper ausbreiten möchte.

Jede Muskelfaser Deines Körpers wird locker und schwer, Du fühlst Dich eins mit dem Universum und bist bald schon bereit, in einen tiefen und erholsamen Schlaf zu sinken.

Stelle Dir *jetzt* vor, wie Du Dich in Deinem warmen und gemütlichen Bett einkuschelst, wie Du von einem wunderschönen Gefühl der Sicherheit, Geborgenheit und Liebe völlig umgeben bist.

Du fühlst Dich beschützt und Du weißt, dass Du heute eine ruhige und erholsame Nacht haben wirst.

Atme noch einmal tief ein - und aus, und verankere dann diese wunderbare Entspannung tief in Deinem Inneren.

Allmählich wird es Zeit, dass Du wieder in das Hier und Jetzt zurückkehrst. Öffne dazu langsam Deine Augen und nimm die Welt um Dich herum mit einem zuversichtlichen Gefühl der Ruhe und des inneren Friedens wahr.

Du weißt, dass Du es selbst in der Hand hast, wieder zu einem erholsamen Schlaf zurückzufinden.
Und Du weißt auch, dass Du Deine Schlafprobleme dauerhaft überwinden kannst und Dir dies auch bald problemlos gelingen kann.

Aktiviere Deinen Hautschutzmantel

Schließe Deine Augen und begib Dich dann auf eine innere Heilungsreise, die durch die beruhigenden Klänge der Klangschale unterstützt wird.
Lasse Dich von den sanften Melodien in eine zauberhafte Welt absoluter Entspannung tragen, während Du Dich ganz nebenbei auch auf die Linderung Deiner Hautprobleme konzentrierst.

Stelle Dir vor, dass Du Dich *jetzt* in einem grünen Wald befindest, in dem die Bäume bis hoch hinauf in den Himmel ragen und die Luft von einem Hauch Magie erfüllt ist.

Die Sonne strahlt golden durch die lichten Zweige und Blätter und taucht den ganzen Wald in ein schönes, angenehm warmes Licht.

Während Du ganz langsam durch den Wald läufst, begegnen Dir verschiedene Tiere, die Dich auf Deinem Weg begleiten möchten.

Zuerst tanzt eine Zeitlang ein schillernder Schmetterling an Deiner Seite und lädt Dich ein, seine Leichtigkeit und Anmut mit in Dein Leben zu übernehmen. Lächelnd lässt Du Dich darauf ein.

Bald schon hörst Du in der Ferne das leise und sanfte Plätschern eines Baches, der sich seinen Weg durch den Wald bahnt. Du folgst dem Geräusch und entdeckst dort auch eine Gruppe von Waldtieren, die sich an seinem Ufer versammelt haben.

Ein majestätischer Hirsch tritt aus der Gruppe hervor und begrüßt Dich freundlich.

Er lädt Dich ein, mit ihm zusammen dem gleichmäßigen Rauschen des Wassers zu lauschen.

Schon bald mischen sich die harmonischen Klänge der Klangschale mit den beruhigenden Geräuschen des Waldes und schaffen so eine harmonische Melodie für Dich, die allmählich Deine Sinne beruhigt und besänftigt.

Während Du Dich nun immer tiefer und tiefer darauf einlässt spürst Du, wie sich Deine Haut mit jeder Schwingung der Klangschale immer mehr und mehr beruhigen, entspannen und erneuern möchte.

Die sanften Schwingungswellen durchdringen Deinen ganzen Körper, lindern Deine Hautprobleme und fördern ihre nachhaltige Regeneration und Heilung.

Der Hirsch lädt Dich nun ein, Dich zu ihm zu setzen.

Schon bald darauf beginnt er mit seiner heilenden Zeremonie bei der er Dir mit seinem Geweih, immer wieder ganz achtsam und vorsichtig, über Deine betroffenen Hautstellen streicht.

Seine sanften Berührungen lassen Dich vollkommen entspannen und lösen bei Dir einen inneren und äußeren Heilungsprozess aus.

Während Du Dich den magischen Kräften des Hirsches und der Ruhe des Waldes völlig hingibst spürst Du, wie sich ein tiefes Gefühl der Dankbarkeit und des Wohlbefindens in Dir ausbreiten möchte.

Du beginnst zu lächeln, denn Du fühlst Dich nun von Kopf bis Fuß regelrecht erneuert, fast, wie wenn Du in einen ganz neuen Körper geschlüpft wärst.

Nimm dieses schöne und beruhigende Gefühl auf Deiner Haut nochmals ganz intensiv wahr.

Atme dann tief ein - und aus.

Lasse die heilende Energie dieser Fantasiereise nochmals durch Deinen ganzen Körper fließen und lenke sie besonders an die Stellen an Deiner Haut, die Dir bisher die größten Probleme bereitet haben.

Du weißt, je öfter Du Dich in diesen entspannten Zustand begibst, desto mehr setzt Du Deine eigene Heilenergie frei.

Komme mit dieser Erkenntnis nun wieder ganz in die Gegenwart zurück.

Stärke Deine Sehkraft

Du begibst Dich gleich auf eine faszinierende Reise, auf eine Fantasiereise zur Stärkung Deiner Augen und Deiner Sehkraft, bei der Dich die beruhigenden Klänge der Klangschalen unterstützen und begleiten werden.

Schließe dazu nun sanft Deine Augen und atme dann einige Male tief ein - und aus.

Stelle Dir *jetzt* vor, dass Du Dich auf einem malerischen Pfad in einem üppigen, dichten Urwald befindest. Das Sonnenlicht scheint leicht durch das Blätterdach und wirft dabei gelbe, warme Strahlen auf Deinen Weg.

Mit jedem Schritt den Du gehst spürst Du, wie Deine Verbindung zur Natur stärker und intensiver wird.

Plötzlich kommst Du an einen glitzernden Bach, dessen klares Wasser sanft über die grünen, bemoosten Steine plätschert.

Setze Dich am Ufer nieder und lausche dem beruhigenden Klang des Wassers. Spüre, wie sich Deine geschlossenen Augen nun tief entspannen können und wie die Anstrengung des Tages langsam von ihnen abfällt.

Während Du Dich immer mehr erholst bemerkst Du, dass sich um Dich herum verschiedene Klangschalen

befinden. Ihre sanften Töne erfüllen die ganze Luft
und umhüllen Dich fast schon wie eine warme Decke.

Jede der Schalen sendet eine einzigartige Schwingung
aus, die Deine geschlossenen Augen sanft von außen
massiert und die Deine innere Heilkraft aktiviert.

Du fühlst, wie Deine Augen immer leichter und
leichter werden und wie sich die ganze Anspannung
aus ihnen lösen kann.
Mit jedem einzelnen Klang werden Deine Augen auch
immer klarer und stärker.

Visualisiere, wie sie jedes Detail der faszinierenden
Natur um Dich herum *jetzt* mit einer gesteigerten
Schärfe erfassen, und dabei alles noch fokussierter
und klarer wahrnehmen können.

Während Du am Ufer sitzt und den heilenden
Klängen der Klangschalen lauschst spürst Du, wie
sich ein Gefühl von tiefer Dankbarkeit und
Zufriedenheit in Deinem ganzen Herzen ausbreitet.

Durch die heilende Kraft der Natur und durch die
wohltuenden Klänge der Klangschalen fühlst Du
Dich gestärkt und bereit, die Welt mit neuen Augen
und in einem völlig neuen Licht zu sehen - viel klarer,
viel strahlender als Du sie bisher kanntest.

Nimm nun einen ganz tiefen Atemzug und öffne
dann langsam wieder Deine Augen. Fühle Dich
willkommen im Hier und Jetzt.

Meditation zur Atemstärkung

Schließe Deine Augen und beginne dann mit der beruhigenden Praxis mehrerer Atemübungen. Regelmäßig ausgeführt können Dir diese Übungen helfen, dass Du Deine Atemprobleme (oder Dein Asthma) linderst und sich die Atmung dadurch auf Dauer verbessert.

Die Übungen werden von den sanften Klängen der Klangschale begleitet. Sie unterstützen Dich bei Deiner Entspannung und mit ihrer Hilfe kannst Du auch schneller in einen Zustand der inneren Ruhe gelangen.

Finde *jetzt* eine für Dich bequeme Position, sei es im Sitzen oder Liegen, und erlaube Deinem Körper dann, sich zu entspannen.

Atme einige Male tief ein - und aus, und lasse damit auch alle Anspannungen los, die vielleicht noch irgendwo in Deinem Körper vorhanden sind.

Die Klänge der Klangschale begleiten Dich während den folgenden Atemübungen. Sie helfen Dir, dass Du Deine Atmung vertiefen, und Dich gleichzeitig noch intensiver entspannen kannst.

Ihre sanften Töne schaffen Dir eine Atmosphäre der Ruhe und Geborgenheit die Dir hilft, Dich ganz auf Deine Atmung zu konzentrieren.

Wir beginnen nun mit einer einfachen Atemübung, der *tiefen Bauchatmung*.

Lege dazu *jetzt* eine Hand auf Deinen Bauch, und die andere auf Deiner Brust auf.

Atme nun tief durch die Nase ein, so dass sich nur Dein Bauchraum anhebt und sich Deine Brust nicht bewegt.

Halte die Luft für einen Moment an - und atme dann langsam durch den Mund aus, während sich dabei nur Dein Bauch wieder absenkt.

Wiederhole diese Übung nun mehrmals in Deinem eigenen Tempo, damit sich Deine Atmung vertiefen, und Du Dich nachhaltig entspannen kannst.

Als nächstes widmen wir uns der *tiefen, langsamen Atemtechnik, 4-2-6.*

Atme *jetzt* langsam, tief und gleichmäßig durch die Nase ein, während Du dabei bis vier zählst.
Dabei heben sich der Bauch- und der Brustraum an.

Halte den Atem für einen Moment lang an und zähle dabei bis zwei.

Atme dann langsam und kontrolliert durch den Mund aus, während Du bis sechs zählst.

Wiederhole diese Übung nun mehrmals in Deinem eigenen Tempo.
Diese Methode hilft Dir dabei, Deine Atmung zu verlangsamen und öffnet gleichzeitig Deine Atemwege.

Eine weitere, effektive Atemübung ist die der *Lippenbremse.*

Atme dazu komplett durch die Nase ein, so dass sich Dein Bauch und Dein Brustraum gleichmäßig anheben.

Blase dann die Luft ganz langsam durch die leicht geöffneten Lippen dosiert aus, so dass dabei ein ganz leises, sanftes Atemgeräusch entsteht.

Wiederhole diese Übung nun ebenfalls mehrmals in Deinem eigenen Tempo. Diese Technik hilft Dir dabei, verengte Atemwege zu öffnen, was bei Asthmaanfällen hilfreich sein kann.

Unsere letzte Atemübung ist die *kontrollierte Tiefenatmung*.

Atme *jetzt* langsam durch die Nase ein, so dass sich zuerst Dein Bauchraum und anschließend Dein Brustraum vollständig füllen.

Dann atmest Du langsam wieder durch die Nase aus, so, dass die Luft zuerst ganz aus dem Brustraum, und dann aus dem Bauchraum nach außen fließt.

Wiederhole auch diese Übung nun mehrmals in Deinem eigenen Tempo.
Mit diesem Training trainierst und steigerst Du Deine Lungenkapazität.

Allmählich wird es wieder Zeit, in den Raum um Dich herum, ins Hier und Jetzt, zurückzukehren.

Nimm *jetzt* einen letzten, entspannten Atemzug, bevor Du dann Deine Augen langsam wieder öffnest und die Welt um Dich herum mit dem guten Gefühl einer gestärkten Lungenfunktion wahrnimmst.

Wenn Du diese vier Atemübungen regelmäßig wiederholst, kannst Du Deine Atemkapazität verbessern und Deine Atembeschwerden lindern.

Verwandle chronische Entzündungen

Schließe Deine Augen und begib Dich dann auf eine magische Heilenergie-Reise, die speziell für Menschen mit chronischen Entzündungen geschrieben wurde.
Du wirst dabei von den zauberhaften und beruhigenden Klängen der Klangschale begleitet.
Lasse Dich von ihrer sanften Melodie in eine Welt der tiefen Entspannung tragen, während Du gleichzeitig die Linderung Deiner Beschwerden anregst.

Mache es Dir auf Deiner Unterlage ganz bequem und nimm dann einen tiefen, entspannten Atemzug.

Stelle Dir *jetzt* vor, dass Du Dich nun in einem geheimnisvollen Kräutergarten befindest.

Es ist früh am Morgen, der ganze Garten ist in einen sanften Nebel gehüllt. Die Luft wird von einem süßen, würzigen Duft erfüllt und Du kannst das Gefühl der absoluten Stille, der tiefen Ruhe und der angenehmen Geborgenheit so richtig intensiv spüren.

Lasse Deinen Blick nun ganz entspannt über diesen zauberhaften Garten wandern.
Du entdeckst dabei eine große Vielzahl von kleineren und größeren Pflanzen, die Dein Inneres regelrecht zum Strahlen und Leuchten bringen.

Während Du nun ganz langsam durch die Anlage wanderst, begegnen Dir viele, verschiedene Kräuter. Sie alle besitzen magische, heilende Kräfte und wollen Dir helfen, Deine aktuellen Beschwerden zu lindern.

Zuerst winkt Dir ein duftender Lavendelstrauch zu und lädt Dich ein, dass Du seine wohltuenden und beruhigenden Eigenschaften tief in Dich aufnimmst. Du verweilst ein wenig bei ihm und begibst Dich dann wieder auf den Weg.

Plötzlich stößt Du auf eine magische Quelle, die von leuchtend grünen Pflanzen umgeben ist. Das Wasser funkelt und glitzert im Sonnenlicht und strahlt eine heilende Energie aus, die sogar Deine Entzündungen zu lindern vermag.

Weit in der Ferne bemerkst Du die entspannenden Klänge und sanften Schwingungen der Klangschale, und nimmst sie *jetzt* wieder aufmerksamer und bewusster wahr.

Die beruhigenden Klangwellen durchdringen jede einzelne Faser Deines Körpers. Sie unterstützen Deine ganzheitliche Regeneration und fördern eine langfristige Heilung.

Während Du Dich weiterhin am Ufer der Quelle entspannst, nimmst Du gleichzeitig auch die heilenden Kräfte und die magischen Energien des Wassers tief in Deinen ganzen Organismus auf.

Du kannst spüren, wie sich Deine Entzündungen und weiteren Krankheitszeichen nun allmählich immer mehr und mehr zurückbilden wollen.

Nach und nach lassen Deine ganzen Beschwerden nach und Du fühlst Dich von Kopf bis Fuß erfrischt, erneuert und bis in die letzte Zelle regeneriert.

Alle magischen Kräuter des Gartens kommen nun zu Dir und beginnen mit einem heilungsfördernden Ritual.

Sie tanzen im Kreis um Dich herum, streichen dabei ganz sanft an Deinem Körper entlang und übertragen Dir dabei alle ihre heilenden Energien und magischen Fähigkeiten.

Du atmest Ihre gesundheitsfördernden Düfte bis tief in Deine Lungenspitzen ein, kannst vollkommen loslassen und Dich dabei immer noch tiefer und tiefer entspannen.

Die wohltuenden Aromen der bezaubernden Kräuter verhelfen Dir *jetzt* zu einer intensiven Regeneration und einem ganzheitlichen, inneren Heilungsprozess.

Während Du von den geheimnisvollen Kräften des Gartens völlig umsorgt und behütet bist spürst Du, wie sich das Gefühl der absoluten Ruhe und des vollkommenen Wohlbefindens nun überall in Deinem Körper ausbreitet.

Du fühlst Dich von innen heraus gestärkt und erneuert. Du bist nun in der Lage, Deine chronischen Entzündungen weit hinter Dich zu lassen um wieder ein unbeschwertes Leben voller Gesundheit und Vitalität zu führen.

Allmählich wird es wieder Zeit, sich für heute von dem verwunschenen Garten zu verabschieden. Du bedankst Dich noch bei der Quelle und den vielen Kräutern für ihre unendlich wertvolle und unschätzbar große Hilfe.

Nimm *jetzt* einen tiefen Atemzug und lasse die heilende Energie dieser Fantasiereise dabei nochmals durch Deinen ganzen Organismus fließen, bevor Du schließlich wieder ganz in der Gegenwart, im Hier und Jetzt, ankommst.

Du weißt, dass Du jederzeit wieder in Deinen magischen Garten zurückkehren kannst, immer dann, wenn Du seine Hilfe benötigst.

Muskelentspannung

Schließe Deine Augen, nimm eine entspannte Körperhaltung ein und lasse Deine Gedanken dann langsam zur Ruhe kommen.

Wir werden gleich gemeinsam in eine Welt der Fantasie und Heilungsenergie eintauchen.
Die beruhigenden Klänge der Klangschale werden Dich auf dieser inneren Reise begleiten und unterstützen. Ihre Schwingungswellen werden Dir helfen, Deinen angespannten Muskeltonus zu lockern und zu lösen.

Stelle Dir *jetzt* vor, dass Du Dich in einem unberührten und verwunschenen Waldstück befindest, in dem sich die Bäume sanft im Wind wiegen und die Luft von einem zauberhaften Hauch von Magie erfüllt ist.

Die kräftigen, goldenen Sonnenstrahlen durchdringen nur an einigen Stellen das dichte Blätterdach und tauchen dort den ganzen Wald in ein warmes, beruhigendes Licht.

Während Du durch diesen Wald wanderst spürst Du die große Kraft der Natur um Dich herum. Die Erde unter Deinen Füßen ist weich und federnd und die frische Luft füllt Deine Lungen mit neuer Energie.

Die harmonischen Klänge der Klangschale mischen sich mit den Geräuschen des Waldes und bilden eine stimmige Melodie, die Dich noch tiefer und tiefer in die Entspannung führt.

Die leisen Töne wiegen Dich in absoluter Sicherheit und tragen Dich auf einer beruhigenden Welle der Ruhe und Gelassenheit.

Schon bald führt Dich Dein Weg an einem klaren, glitzernden Bach entlang, dessen Wasser so rein und erfrischend ist, dass Du nicht widerstehen kannst, Deine Hände dort einzutauchen.

Das kühle Nass umspült alle Deine Finger und spült augenblicklich seine heilsame Kraft in Deinen Körper ein, die die gesamte Anspannung in Deinen Muskeln auflösen möchte.

Die Energie strömt dabei von Deinen Fingern
langsam weiter nach oben,
über Deine Arme,
bis hin zu den Schultern,
in den Hals,
und in Deinen Kopf.

Überall lösen sich wie von Zauberhand sämtliche Verspannungen und Du kannst spüren, wie sich das

Gefühl der Leichtigkeit und des Wohlbefindens rasch in Dir ausbreitet.

Die heilsame Kraft möchte Deinen Körper ganz durchströmen.

Du fühlst, wie die Entspannung nun langsam die ganze Wirbelsäule entlang,
Stück für Stück, nach unten wandert.
Über den Schultergürtel,
in Richtung des Oberkörpers,
und dann hinab in den Unterkörper.

Du spürst, wie die starke Heilungsenergie mit ihrer entspannenden Wirkung nun auch in der Lendenwirbelsäule ankommt,
und anschließend weiter, zu den Hüften fließt.

Von dort aus strahlt sie dann in die Oberschenkel,
geht in die Knie,
wandert über die Waden,
bis sie schließlich über die Zehenspitzen hinaus,
wieder zurück zu Ihrem Ursprung fließt.

Die harmonischen Klänge der Klangschale durchdringen dabei noch immer Deinen ganzen Körper.

Sie lösen auch die kleinsten Verspannungen auf, die vielleicht noch irgendwo, tief in Dir stecken.

Während Du Dich immer mehr und mehr fallen lässt bemerkst Du ganz nebenbei, wie auch die noch so kleinsten, minimalsten Anspannungen langsam nachlassen,

bis sie ganz verblassen,
und schließlich völlig verschwunden sind.

Du fühlst Dich frei, voller neuer Energie und entdeckst eine ungeahnte Kraft und Lebensfreude in Dir.

Komme mit dem wunderbaren Gefühl der neu gefundenen Leichtigkeit wieder in den Raum zurück, dorthin, wo Deine Reise vorher begonnen hat.

Du kannst jederzeit wieder in diesen angenehmen Zustand der absoluten Entspannung zurückfinden, immer, wenn Du dies möchtest.

Transformiere chronische Schmerzen

Mache es Dir auf Deiner Unterlage bequem, schließe Deine Augen und begebe Dich dann auf eine entspannende Reise die Dir helfen wird, Deine chronische Schmerzen anzunehmen und Dich in einen Zustand der angenehmen Ruhe und des tiefen Wohlbefindens zu versetzen.

Diese Reise wird von den beruhigenden Klängen der Klangschale begleitet, die Dich sanft umhüllen und Dich auch bei Deiner Regeneration unterstützen werden.

Finde eine angenehme Position, sei es im Sitzen oder im Liegen, und erlaube Deinem Körper dann, sich vollständig zu entspannen.

Du musst jetzt nichts mehr leisten, Du darfst Dir diese Zeit, die nur für Dich da ist, einfach nehmen.

Atme tief ein - und aus, und lasse damit alle Anspannungen und Sorgen des Tages los.

Alles, was Du noch zu erledigen oder zu tun hast, wird Dir *jetzt* völlig unwichtig.

Alles kann auch noch bis später warten.

Stelle Dir nun vor, dass Du Dich an einem friedlichen Ort befindest, an dem Du Dich ganz sicher und geborgen fühlst.

Während Du Dich nun an diesem beschaulichen Ort umschaust und Dich immer mehr und mehr entspannst beginnst Du, Dich auf Deine chronischen Schmerzen zu konzentrieren.

Visualisiere Dir den Schmerz als einen dunklen, wirbelnden Nebel, der sich um Dich herum befindet.

Die Klänge der Klangschale begleiten Dich auf Deiner inneren Reise. Sie helfen Dir, rasch in einen tiefen, hypnotischen Zustand zu gelangen.

Ihre sanften Töne wiegen Dich in Sicherheit. Sie schaffen Dir eine angenehme Atmosphäre der absoluten Geborgenheit.

Stelle Dir *jetzt* vor, wie Du Dich dem Schmerz ganz öffnest und ihm dann erlaubst, Deinen Körper zu verlassen.

Visualisiere, wie sich der dunkle Nebel um Dich herum nun langsam auflöst und von einem warmen, goldenen Licht ersetzt wird.

Das warme, strahlende Licht umhüllt Deine ganzen Schmerzen und löst sie nach und nach auf.

Während Du Dich in diesem heilenden Licht badest spürst Du, wie sich Deine Muskeln immer tiefer und tiefer entspannen möchten und Dein Geist dabei völlig zur Ruhe kommt.

Mit jedem Deiner Atemzüge fühlst Du Dich immer leichter und freier, befreit von der Last der Schmerzen, die Dich schon so lange begleitet haben.

Stelle Dir *jetzt* vor, wie Du Dich von Minute zu Minute immer besser fühlst.

Wie es sich anfühlt, wenn sich Deine chronischen Schmerzen von Dir verabschieden und sich Dein Wohlbefinden immer mehr und mehr steigert.

Sieh Dich *jetzt* selbst in einem Leben voller Lebensfreude und Vitalität, während sich Dein Körper immer weiter und weiter regeneriert, bis er sich schließlich völlig von den belastenden Schmerzen befreit hat.

Atme nun tief ein - und aus, und verankere diese positiven Gedanken und befreienden Gefühle tief in Deinem Unterbewusstsein.

Du bist stark und fest dazu entschlossen, Deine chronischen Schmerzen dauerhaft loszulassen.

Du kannst sie überwinden und wieder ein Leben voller Leichtigkeit, Unbeschwertheit und Glück führen.

Nimm, sobald Du Dich dazu bereit fühlst, noch einen letzten, entspannten Atemzug, bevor Du Deine Gedanken wieder in den Alltag, ins Hier und Jetzt, zurückkehren lässt.

Öffne dann langsam Deine Augen.
Nimm die Welt um Dich herum mit einem befreienden Lächeln auf den Lippen und einem Gefühl der tiefen Dankbarkeit, der großen Erleichterung und des inneren Friedens wahr.

Du hast nun eine Möglichkeit kennengelernt, mit der Du Deine chronischen Schmerzen täglich bearbeiten, transformieren und schließlich dauerhaft loslassen kannst.

Die Stärkung der inneren Organe

Suche Dir eine angenehme Position auf Deiner Unterlage. Schließe dann Deine Augen und beginne mit dieser faszinierenden Reise der Heilung und Regeneration zu Deinen inneren Organen, die von den traumhaften Klängen der Klangschale begleitet wird.

Lasse Dich von ihren beruhigenden Tönen in eine Welt der Fantasie und Heilung tragen, während Du Dich ganz nebenbei auch auf die Regeneration Deiner inneren Organe fokussierst.

Stelle Dir *jetzt* vor, dass Du Dich in einem zauberhaften Tempel für innere Heilung befindest. Der Tempel strahlt eine Aura der Ruhe und des tiefen Friedens aus, die ganze Luft ist von einer sanften und heilsamen Schwingungsenergie erfüllt.

Während Du langsam und ehrfürchtig durch die golden glänzenden Tore des Tempels schreitest, spürst Du eine Welle der Ruhe und Geborgenheit.

Die heilsamen Klänge der Klangschale begrüßen Dich und laden Dich dazu ein, tief zu entspannen und dadurch auch Deine inneren Organe zu stärken und zu regenerieren.

Du betrittst den heiligen Innenraum des Tempels und findest Dich dann in einem ansprechenden Garten wieder, in dem die Bäume in voller Blüte stehen und

die Luft von einem würzigen, süßen Duft erfüllt ist.
Jeder einzelne dieser prächtigen Bäume repräsentiert
ein inneres Organ Deines Körpers, das nach Heilung
und Regeneration strebt.

Die sanften Klänge der Klangschale vermischen sich
nun mit den leisen Geräuschen des Gartens.
Sie schaffen eine harmonische Grundstimmung, die
Deine Organe in einen Zustand der inneren Balance
und des tiefen Wohlbefindens versetzen möchte.

Du beginnst nun Deine Reise der Heilung, indem Du
Dich *jetzt* ganz auf Dein Herz konzentrierst, das
Zentrum Deiner Liebe und Lebenskraft.

Spüre, wie sich Dein Herz mit jeder einzelnen
Schwingung der Klangschale noch weiter öffnen
möchte und dabei mit heilsamer Energie durchflutet
und aufgefüllt wird.

Als nächstes richtest Du Deine Aufmerksamkeit auf
Deine Lungen, die Quelle Deiner Atmung und der
Lebenskraft.

Fühle, wie sich Deine Lungen nun mit frischer Luft
auffüllen und sich von allem befreien und reinigen,
was sie derzeit belastet.

Lenke Deine Gedanken nun weiter zu Deinem Magen
und Deinem Darm. Beide Organe verarbeiten und

verwanden die Nahrung für Dich und schenken Dir dadurch immer wieder neue Energie und Dynamik.

Spüre, wie sich Deine Verdauungsorgane entspannen und sich ihre korrekten Funktionen wieder herstellen möchten.

Die Töne der Klangschale begleiten Dich auf Deiner inneren Reise zu allen Bereichen und durch alle Ebenen Deines Körpers, während Du Dich selbst nur auf die Regeneration und Selbstheilung Deiner inneren Organe konzentrieren musst.

Die sanften Schwingungswellen durchdringen alle Deine Zellen und fördern die tiefe Regeneration bis auf die zelluläre Ebene.

Nachdem Du Deinen wichtigsten, inneren Organen nun die nötige Aufmerksamkeit geschenkt hast, kannst Du *jetzt* mit Deinen Gedanken wieder in den Tempel der Heilung zurückkehren.

Du fühlst Dich von innen heraus gestärkt, belebt und erneuert und bist von einer tiefen inneren Ruhe und Ausgeglichenheit erfüllt.

Atme tief ein - und aus, und lasse die heilungsfördernde Energie nochmals durch Deine ganzen Organe fließen, bevor Du anschließend wieder die Augen öffnest.

Unterstütze Deine Verdauung

Du begibst Dich gleich auf eine entspannende Reise die Dir helfen wird, Deine Verdauung zu stimulieren und zu unterstützen.

Die angenehmen Töne und anregenden Schwingungen der Klangschale werden Dich dabei begleiten, während Du Dich gedanklich ganz auf die nachhaltige Regeneration Deines Verdauungssystems konzentrieren kannst.

Finde eine bequeme Position auf Deiner Unterlage und erlaube Dir dann, alles loszulassen um Dich zu entspannen.
Deine täglichen Aufgaben und Pflichten werden Dir in den nächsten ca. 20 Minuten völlig unwichtig, völlig egal. Dies alles kann nun ein wenig warten.

Atme *jetzt* tief ein - und aus, und lasse dabei alle Anspannungen und Sorgen des Tages los.

Stelle Dir dann vor, dass Du Dich an einem Ort der Ruhe und Selbstheilung befindest, umgeben von der belebenden Energie der Natur.

Vielleicht möchtest Du dazu in einen duftenden Garten, an ein ruhiges Seeufer oder auf eine malerische Waldlichtung gehen? Du hast die Wahl.

Visualisiere Dir Deinen gewünschten Ort nun so klar

und deutlich wie möglich und spüre die heilsame Atmosphäre, die ihn umgibt.

Während Du Dich *jetzt* an diesem idyllischen Ort immer tiefer und tiefer entspannst, lenkst Du Deine Aufmerksamkeit nun auch auf Deinen Bauchraum und auf Dein ganzes Verdauungssystem.

Spüre, wie sich Dein Bauch sanft anhebt und absenkt, während Du ganz ruhig und gleichmäßig atmest.

Die harmonischen Klänge der Klangschale begleiten Dich auf Deiner inneren Reise und helfen Dir, dass Du Dich immer tiefer und tiefer entspannst.

Schon bald durchdringen ihre beruhigenden Schwingungen Deinen gesamten Bauchraum, fördern seine innere Harmonie und regeln die Funktionen Deines Verdauungsapparates.

Lege Dir nun eine oder beide Hände auf Deinen Bauch auf und streiche Dir in einer kleinen, kreisenden Bewegung ganz langsam und liebevoll über Deinen Bauch.

Stelle Dir vor, wie Du Deinem Magen und Deinem Darm dabei Dankbarkeit entgegenbringst und ihnen unterstützende Heilungsenergie für Ihre unermüdliche Arbeit sendest.

Visualisiere Dir, wie die goldene Farbe der Klangschale Deine Körpermitte umhüllt und sie auch gleichzeitig mit ihrer heilenden Energie immer mehr und mehr auflädt.

Während Du Dich ganz auf diese Vorstellung konzentrierst spürst Du, wie sich das schöne Gefühl der Leichtigkeit und des Wohlbefindens nun überall in Dir ausbreiten möchte.

Du fühlst Dich voller Vitalität und Lebensfreude und bist bereit, die Welt mit Deinem ausgeglichenen und gesunden Verdauungssystem neu zu erobern, bei dem Dich nun nichts mehr ausbremsen kann.

Visualisiere Dir, wie Du Dich Tag für Tag vitaler und gesünder fühlst, während Du Deine täglichen Ausscheidungsprozesse mit gesunder Nahrung unterstützt.

Sieh Dich selbst in Deinem neuen, unbeschwerten Leben voller Dynamik und ungeahnter Lebenslust, in dem Du Deinen Weg zu einer ausgeglichenen und harmonischen Verdauung bereits gefunden hast.

Verankere dieses befreiende Gefühl der geregelten und ausgewogenen Verdauungstätigkeit nun ganz in Deinem Inneren.

Atme *jetzt* tief ein - und aus, und öffne dann wieder langsam Deine Augen. Du fühlst Dich dabei sehr ausgeglichen und völlig wohl.

Transformiere Dein Übergewicht

Schließe Deine Augen und begib Dich dann auf eine Reise, auf eine hypnotische Reise, die Personen mit Übergewicht bei ihrer tiefgreifenden Veränderung unterstützen möchte.

Du wirst auf Deiner Reise in Dein Innerstes von den erhebenden Klängen der Klangschale begleitet. Lasse Dich von ihrer sanften Melodie in eine Welt des Wandels tragen, während Du Dich ganz auf die Transformation, hin zu einem gesunden Körpergewicht konzentrierst.

Stelle Dir *jetzt* vor, dass Du hoch oben auf einem Gipfel, in mitten der wundervollen Berge stehst. Du bist umgeben von reiner, klarer Luft und genießt den weiten Blick über das unter Dir liegende Tal.

Über Dir gleitet ein mächtiger Adler majestätisch am Himmel. Er hat seine Schwingen weit ausgebreitet und schwebt ruhig und sanft in der Thermik.

Der Adler, ein Symbol der Freiheit und Stärke, kreist über Dir und lädt Dich dann dazu ein, ihm zu folgen.

Er bietet Dir an, Dich künftig auf Deiner Reise zur Selbstbefreiung und des ganzheitlichen Wandels zu begleiten und zu unterstützen.

Seine kraftvolle Präsenz erfüllt Dich mit einem Gefühl der wilden Entschlossenheit und des großen

Vertrauens in Deine eigenen Fähigkeiten, mit deren Hilfe Du Dein Ziel sicher erreichen wirst.

Du beginnst Dich ganz leicht zu fühlen und Dich zu dem Adler in die Lüfte zu erheben, während er ganz unbeschwert und elegant über die Landschaft gleitet.

Mit jedem Flügelschlag fliegst Du höher und höher, weg von den Belastungen des Alltags und hin zu einem Ort der inneren Stärke und Klarheit.

Unterdessen Du nun gemeinsam mit dem Adler schwebst spürst Du, wie sich Deine Belastungen allmählich von Dir lösen und Du immer leichter und unbeschwerter wirst.

Die Klänge der Klangschale begleiten Euch auf Eurem Flug und sie helfen Dir, Dich noch tiefer und tiefer zu entspannen, während Du Dich schon auf die Veränderung vorbereitest, die bald folgen wird.

Plötzlich taucht weit in der Ferne eine schimmernde, hell glitzernde Quelle auf, die von üppigen grünen Wäldern und duftenden Blumenwiesen umsäumt ist.

Der Adler gleitet mit Dir zusammen immer tiefer und tiefer hinab und Ihr landet gemeinsam, genau bei der Quelle, sanft auf dem Boden.

Das Wasser glitzert wie unzählige Diamanten und strahlt eine zuverlässige Klarheit aus. Es lädt Dich augenblicklich ein,

Deine Gedanken und Gefühle zu reinigen und von Grund auf zu erneuern.

Du trinkst ein wenig von der klaren Flüssigkeit und spürst sofort, wie sie Dich von innen heraus belebt und erfrischt.

Während Du Dich an der Quelle labst spürst Du, wie sich gleichzeitig eine tiefe Ruhe und Zufriedenheit in Dir ausbreiten möchte.

Du fühlst Dich *jetzt* dazu bereit, endlich Deine alten Gewohnheiten loszulassen um neue Pfade einzuschlagen, die Dich zu einem gesunden Gewicht und einem erfüllteren Leben führen werden.

Bald darauf erhebt sich der Adler wieder hoch in die Lüfte. Du folgst ihm, mit einem Gefühl der großen Dankbarkeit und wilden Entschlossenheit, dass nun ganz tief in Deinem Herzen verankert ist.

Gemeinsam schwebt ihr wieder hoch nach oben, weit über die Gipfel der Berge hinaus. Du bist nun bereit, die Herausforderungen und Abenteuer des Lebens gemeinsam mit ihm anzunehmen und zu bestehen.

Du trägst die Kraft in Dir, Deine Flügel auf Deinem Weg zu einem gesunden und erfüllten Leben auszubreiten, um zu neuen Höhen aufzusteigen. Komme mit dieser Erkenntnis *jetzt* wieder in Deinen Alltag zurück, in den Raum, in dem Deine Reise vorher begonnen hat.

Für ein kraftvolles Herz

Gleich wirst Du Dich auf eine tiefe, meditative Entspannung einlassen, die sich ganz dem Thema Deines Herzens widmet und die von den sanften Klängen der Klangschale begleitet wird.

Finde eine bequeme Position, sei es im Sitzen oder im Liegen, schließe Deine Augen und erlaube Deinem Körper *jetzt*, sich vollständig zu entspannen.

Atme tief ein - und aus, und spüre, wie Du mit jedem Atemzug immer ruhiger und gelassener wirst.

Stelle Dir vor, dass Du Dich in einem heilenden, rosafarbenen Raum befindest, der ganz dem Herzen gewidmet ist.

Die Wände strahlen eine warme, beruhigende Energie aus, und überall um Dich herum siehst Du Symbole der Liebe und des Mitgefühls.

Während Du Dich in diesem Raum entspannst, richtest Du Deine Aufmerksamkeit allmählich auf Dein eigenes Herz.

Spüre, wie es ruhig und gleichmäßig für Dich schlägt und fühle die Liebe, die es für Dich selbst und für Andere bereithält.

Die Klänge der Klangschale begleiten Dich auf
Deiner Herzensreise.
Sie helfen Dir dabei, immer noch tiefer und tiefer in
die Entspannung zu gleiten.

Du wirst von ihren feinen Schwingungen getragen.
Sie vermitteln Dir eine große Ruhe und wiegen Dich
in absoluter Sicherheit.

Stelle Dir *jetzt* vor, wie Du Dein Herz langsam öffnest
und Dich dann mit seiner inneren Weisheit und Kraft
verbindest.

Visualisiere, wie ein warmes, goldenes Licht von
Deinem Herzen ausstrahlt und den ganzen Raum um
Dich herum erhellt.

Während Du Dich *jetzt* vollständig mit Deinem
Herzen verbindest spürst Du, wie sich eine tiefe Ruhe
und Gelassenheit in Dir ausbreiten möchte.

Du fühlst Dich geborgen und geliebt und Du weißt,
dass alles, wirklich alles was Du brauchst, bereits in
Dir verborgen ist.

Stelle Dir vor, wie Du diese große Liebe, Empathie
und Mitgefühl nun in die Welt um Dich herum
ausstrahlst und dort weitergibst.

Sieh Dich selbst als einen Kanal der Liebe und der Heilung, der die Herzen der anderen Menschen berührt und sie mit Wärme und Licht erfüllt.

Atme tief ein - und aus, und verankere dabei auch das Gefühl der innigen Verbundenheit und unendlichen Liebe zu Deinen Mitmenschen in Deinem Innersten.

Du selbst bist ein Wesen der Liebe und Du hast die Kraft, die Welt um Dich herum zu einem besseren Ort zu machen.

Kehre nun mit diesen wundervollen Gedanken allmählich wieder in den Raum um Dich herum, ins Hier und Jetzt, zurück.

Wenn Du dann dazu bereit bist, kannst Du Deine Augen wieder öffnen.

Genieße noch für ein paar Minuten das schöne Gefühl der Selbstliebe und des tiefen, inneren Friedens.

Du bist ein Wesen des Herzens, und Du hast die Fähigkeit, Liebe und Licht in die Welt zu strahlen.

Emotionale Blockaden der Lendenwirbelsäule

Lasse den Alltag weit hinter Dir, schließe Deine Augen und begib Dich dann auf eine heilsame Reise, die Dich bei der Auflösung Deiner emotionalen Blockaden im Bereich des unteren Rückens und der Lendenwirbelsäule unterstützt.

Diese Entspannungstechnik kann Dir helfen, Deine Muskeln in der Tiefe zu lockern, Spannungen abzubauen und dadurch Schmerzen zu lindern. Du wirst dabei von den beruhigenden Tönen und harmonisierenden Schwingungswellen der Klangschale unterstützt und begleitet.

Finde eine für Dich bequeme und angenehme Position auf Deiner Unterlage und erlaube Deinem Körper dann, sich nach und nach zu entspannen.

Nimm *jetzt* einige tiefe Atemzüge und lasse damit alle Gedanken, Sorgen und Anspannungen des Tages los.

Begib Dich nun gedanklich in eine Situation, die Du mit besonders viel Erholung verbindest. Vielleicht erinnerst Du Dich gerade gerne an einen Saunabesuch, ein entspannendes Bad im warmen Wasser, oder an einen schönen Urlaubstag?

Während Du Dich nun gedanklich ganz an diesem angenehmen und erholsamen Ort einfindest, lenkst

Du Deine Aufmerksamkeit allmählich auf Deine Lendenwirbelsäule.

Spüre, wie die Muskeln in diesem Bereich ganz langsam loslassen, sich entspannen und zur Ruhe kommen möchten, während Du Dich auf die sanften Töne der Klangschale konzentrierst.

Die beruhigenden Klänge begleiten Dich auf Deiner inneren Reise und helfen Dir, Dich noch tiefer und tiefer fallen zu lassen.

Ihre harmonischen Schwingungen durchdringen Deine Haut, die Wirbelkörper, die Bandscheiben und auch die ganz kleinen, tiefliegenden Muskeln.
Sie lösen alle Verspannungen auf und fördern ihre nachhaltige Regeneration.

Stelle Dir *jetzt* vor, wie Du Dir sanft über Deine Lendenwirbelsäule streichelst und ihr Liebe und ganzheitliche Heilungsenergie sendest.

Visualisiere, wie die Schwingungswellen der Klangschale diesen Bereich ganz umhüllen und ihn immer mehr und mehr mit heilungsfördernder Kraft auflädt.

Während Du Dich auf Deine Lendenwirbelsäule konzentrierst spürst Du, wie sich die Spannung allmählich löst und der innere Druck mehr und mehr nachlässt.

Du fühlst Dich leichter und freier, befreit von den körperlichen Einschränkungen, die Dich schon so lange begleitet und belastet haben.

Stelle Dir vor, wie Du Dich Tag für Tag wieder fitter, gestärkter und beweglicher fühlst, während Du Deine Blockaden und Schmerzen im unteren Rücken und in der Lendenwirbelsäule völlig überwindest, und sich Deine Mobilität allmählich wieder ganz herstellt.

Sieh Dich gedanklich in einem Leben voller Vitalität und Bewegungsfreude, während Du Deinen Weg zu einem schmerzfreien, vitalen und befreiten „Ich" immer weiter gehst.

Nimm Dir noch einen Moment zum Nachspüren, wie sich Dein Körper *jetzt* anfühlt. Fühle die Ruhe, die Du erfahren hast und sei dankbar für diese innere Reise.

Komme mit dieser Erkenntnis nun wieder ganz in die Gegenwart, ins Hier und Jetzt, zurück.

Öffne anschließend wieder Deine Augen und genieße ganz bewusst die Freude an der für Dich nötigen, täglichen Bewegung, die Deine Muskulatur stärkt und vor neuen Verspannungen schützt.

Du kannst diese Meditation so oft wie Du möchtest wiederholen, um eine kontinuierliche Linderung anzuregen und Heilung zu erfahren.

Bewegliche Hüften

Begib Dich an einen ruhigen Ort. Du kannst Dich auf einen Stuhl setzen, oder Dich bequem auf eine Unterlage legen. Stelle nur sicher, dass Dein Rücken gerade, und Deine Schultern ganz entspannt sind.

Atme tief ein - und langsam aus. Schließe Deine Augen und lasse den Alltag *jetzt* ganz weit hinter Dir. Spüre, wie sich Deine Lungen mit frischer Luft füllen wollen, sich dann wieder leeren, und Du dabei alles Belastende einfach loslassen kannst.

Du hörst die sanfte Melodie einer Klangschale, die Dich bei Deiner Entspannung unterstützen möchte. Mit jedem Ton und jedem Atemzug wirst Du immer ruhiger und gelassener.

Lasse den Klang nun in Deinem ganzen Körper ankommen und dort auch noch etwas nachklingen.

Stelle Dir dabei vor, dass der Ton jede Zelle Deines Körpers durchdringt und ihn mit tiefer Ruhe und mächtiger Heilungsenergie beschenkt.

Lenke nun Deine Aufmerksamkeit auf Deine Hüften. Nimm wahr, wie sich dieser Bereich *jetzt* anfühlt. Gibt es Spannungen, Schmerzen oder Unbehagen?

Werde Dir diesen Empfindungen bewusst, ohne sie zu bewerten.
Atme dann tief ein und sende Deine

Atemenergie genau an diese Stellen. Stelle Dir dabei vor, wie jeder Atemzug neue, heilende Energie in diese Bereiche lenkt.

Visualisiere Dir anschließend ein warmes, goldenes Licht, das sanft über Deine Hüften fließt. Dieses Licht bringt Dir Erleichterung und Heilungsenergie.

Spüre, wie sich die Wärme des Lichtes in Dir ausbreiten möchte und die Schmerzen allmählich völlig nachlassen.

Nun bist Du dazu bereit, in einen magischen Wald zu gehen. In der Mitte des Gehölzes erblickst Du einen kleinen See, auf dem sich sanfte Wellen bilden.

Während Du Dich langsam dem Gewässer näherst, entdeckst Du eine Figur in leuchtendem Gewand – es ist ein weiser Zauberer.

Seine beruhigende Ausstrahlung fasziniert Dich und Du spürst, dass er es gut mit Dir meint und schon genau das Richtige für Dich bereithält.

Der Zauberer lächelt Dich freundlich an und reicht Dir dann eine kleine Truhe. Du öffnest sie vorsichtig und findest darin eine magische Salbe.

Diese heilende Paste ist speziell dafür gemacht, Deine Hüftschmerzen dauerhaft zu lindern und Deine Selbstheilungskräfte zu unterstützen. Du fühlst, wie schon alleine die Energie der Salbe bereits Deine Hüften kräftigt und stärkt.

Nun beginnt der Zauberer mit seinem Heilungsritual, bei dem er Dir seine magischen Hände zuerst nur auf Deine Hüften auflegt, und sie dann anschließend sanft mit der schmerzlindernden Salbe einreibt.

Während die Creme tief in Deine Haut einzieht bemerkst Du, wie Deine Hüften augenblicklich an Stärke und Kraft gewinnen.

Nimm nun die beruhigenden Töne der Klangschale wieder bewusster wahr und spüre, wie auch ihre feinen, sanften Schwingungswellen Deine Selbstheilungskräfte aktivieren möchten.

Halte *jetzt* für einen Moment inne und genieße das schöne Gefühl der tiefen Stärkung und der nachhaltigen Schmerzlinderung, dass Du in diesem Augenblick durch die magische Salbe des Zauberers und die heilsamen Klänge der Klangschale erfahren darfst.

Lasse diese positive Energie noch einige Atemzüge lang auf Dich einwirken und heile Dich dadurch selbst auf allen Ebenen, bevor Du dann wieder ganz langsam, mit Deinen Gedanken in Deinen Alltag zurückkehrst.
Du weißt, dass Du selbst die Macht in Dir trägst, mit der Du Deine körperliche Heilung unterstützen, und Deine Hüftschmerzen dauerhaft lindern kannst.

Flexible und beugsame Knie

Schließe *jetzt* Deine Augen und tauche dann in eine beruhigende Meditation zur Linderung Deiner Knieprobleme ein, die von der sanften Melodie der Klangschale begleitet wird. Diese innere Reise wird Dir dabei helfen, Deine Muskulatur zu entspannen, damit sich Deine schmerzenden Knie regenerieren und beruhigen können.

Atme tief ein - und aus, und lasse alle Gedanken und Sorgen des Tages *jetzt* los.

Stelle Dir dann vor, dass Du Dich in einer magischen Lichtung befindest, die von wunderschönen Blumen und sanftem Sonnenlicht umgeben ist.

Plötzlich hörst Du ein leises Klingen, das ganz langsam näher kommt. Du spürst, wie sich augenblicklich die Energie verändert und öffnest neugierig, vorsichtig blinzelnd, Deine Augen.

Vor Dir steht eine zarte Fee, strahlend und voller Anmut. Sie hält eine goldene Klangschale in ihren Händen. Ihre Augen leuchten und ihre Flügel schimmern im warmen Sonnenlicht.

Die Fee kommt auf Dich zu und lächelt Dich dabei liebevoll an. Sie weiß von Deinen belastenden Knie-Schmerzen und in ihrem Lächeln liegt Zuversicht und das Versprechen auf Linderung und Heilung.

Sie setzt sich neben Dich und platziert dabei ihre
Klangschale ganz in Deiner Nähe. Kurz darauf wird
die gesamte Natur um Dich herum von einem
zauberhaften, harmonischen und beruhigenden Klang
erfüllt.

Spüre, wie sich die Klänge langsam in Deinem ganzen
Inneren ausbreiten möchten.
Sie durchdringen dabei jedes Band, jeden Knorpel
und jede noch so kleine Nervenfaser Deiner Knie.
Du fühlst, wie sie langsam immer mehr und mehr
loslassen und sich dabei ganz entspannen möchten.

Alle Bewegungseinschränkungen und Schmerzen
lösen sich nun völlig auf. Die Energie der Klangschale
fließt durch Deine Beine und lässt Dich immer
ruhiger und gelassener werden.

Während die Fee nun behutsam ihre Schale um Deine
Knie herum bewegt, umhüllen Dich die Klänge wie
eine heilender Nebel und Du spürst, wie die
Leistungsfähigkeit in den Knien nach und nach
ansteigt, und immer höher und höher wird.

In diesem Augenblick fühlst Du, wie die Schmerzen
in Deinen Kniegelenken verblassen und schließlich
völlig verschwinden.
In Dir wächst ein unbeschreibliches Gefühl der
inneren Befreiung und der großen Erleichterung.

Nimm Dir *jetzt* einen Moment, um diese heilende
Energie ganz intensiv zu spüren und um Dich bei der

Fee für ihre Anwesenheit, liebevolle Unterstützung und für ihren Segen zu bedanken.
Spüre, wie sich das Wohlbefinden und der innere Frieden *jetzt* in Deinem gesamten Körper ausbreitet.

Schließlich lässt die Fee die Klangschale langsam ganz verklingen und verschwindet mit dem letzten Ton. Du bleibst noch kurz in Stille sitzen, dankbar für diese wundervolle Erfahrung.

Stelle Dir nun zum Ende dieser Entspannungsreise noch vor, wie Du Deine Knie künftig wieder voll belasten kannst, ohne irgendwelche Einschränkungen oder Schmerzen zu spüren. Treppensteigen, Gehen, Laufen – alle diese Aktivitäten sind für Dich wieder angenehm, und sind ohne Beschwerden möglich.

Spüre die aufsteigende Dankbarkeit und tiefe Freude für den begonnenen Heilungsprozess. Vertraue darauf, dass Dein Körper weiterhin seine natürliche Fähigkeit zur Selbstheilung besitzt und Du ihn darin bestmöglich unterstützten wirst.

Nimm Dir nun noch einen Moment lang Zeit, um langsam wieder aus der Meditation zurückzukehren. Atme tief ein, öffne Deine Augen und spüre, wie die Heilungsenergie noch immer in Dir nachwirkt.

Vergiss nicht, dass Du diese Meditation so oft Du möchtest wiederholen kannst, damit Deine Beschwerden auf Dauer abklingen können.

Schlusswort

Die Töne und Schwingungen der Klangschalen bieten uns eine Oase der Ruhe und des inneren Friedens an. Sie können uns dabei unterstützen, dass wir auch im hektischen Alltag Momente der tiefen Entspannung und Achtsamkeit erleben können.
Jede Meditation, die Sie mit diesen einmaligen Schalen durchführen, stellt ein Schritt mehr auf dem Weg zur inneren Balance, zu seelischem Gleichgewicht und damit auch zur Anregung der Selbstheilungskräfte dar.

Ich wünsche Ihnen für Ihr weiteres Leben noch viele erfüllende und heilsame Erlebnisse und Erfahrungen!
Bleiben Sie im Einklang mit sich selbst und mit der Welt um sich herum,
Ihre Regina Lahner

Vielleicht interessieren Sie sich auch für meine weiteren Bücher: *„Klangschalenmassage leicht gemacht"*, *„Meditationen mit Klangschalen leicht gemacht"* und *„Neue Meditationen mit Klangschalen leicht gemacht"*?
Für alle Tierbesitzer ist auch noch das Buch: *„Klangschalen für Tiere leicht gemacht: Die Anwendung an Haus- und Nutztieren"* besonders interessant.

Ich würde ich mich auch sehr freuen, Sie in einer meiner Fernausbildungen: *"Klangmassage, Meditation und Entspannung mit Klangschalen"* oder der Ausbildung zum *„Bachblüten-Berater"* begrüßen zu dürfen. Alle weiteren Informationen dazu finden Sie im Internet auf meiner Homepage: www.bluetenberatung.de

Falls Sie noch Fragen zu geeigneten Klangschalen haben oder auf der Suche nach einer oder mehrerer, hochwertigen Klangschalen sind, können Sie mich auch unverbindlich kontaktieren. Gerne sende ich Ihnen dann weitere Informationen oder kurze Videos mit Tonbeispielen per WhatsApp zu.

Besitzen Sie ein Smartphone? Über diese QR-Codes können Sie mit mir in Kontakt treten oder sich noch weitere Informationen abrufen:

Homepage Bachblüten und Klangschalen

Facebook

WhatsApp